德国历史基础教程

Grundkurs in deutscher Geschichte

罗炜　编著

图书在版编目(CIP)数据

德国历史基础教程/罗炜 编著. —北京：北京大学出版社，2011.9
（21世纪德语系列教材）
ISBN 978-7-301-19457-7

Ⅰ.①德… Ⅱ.①罗… Ⅲ.①德语–阅读教学–高等学校–教材②德国–历史　Ⅳ.H339.4:K

中国版本图书馆CIP数据核字(2011)第183299号

书　名	德国历史基础教程
著作责任者	罗　炜　编著
责任编辑	初艳红
标准书号	ISBN 978-7-301-19457-7
出版发行	北京大学出版社
地　址	北京市海淀区成府路205号　100871
网　址	http://www.pup.cn　新浪官方微博:@北京大学出版社
电子邮箱	编辑部 pupwaiwen@pup.cn　总编室 zpup@pup.cn
电　话	邮购部 010-62752015　发行部 010-62750672
	编辑部 010-62759634
印刷者	北京虎彩文化传播有限公司
经销者	新华书店
	650毫米×980毫米　16开本　10.5印张　154千字
	2011年9月第1版　2024年6月第6次印刷
定　价	35.00元

未经许可，不得以任何方式复制或抄袭本书之部分或全部内容。
版权所有，侵权必究
举报电话: 010-62752024　电子邮箱: fd@pup.cn
图书如有印装质量问题，请与出版部联系，电话:010-62756370

Unterrichtsprogramm

1. Überblick über den Kurs

Vorkenntnisse: 600 Stunden Deutsch für Studierende im Hauptfach, 300 Stunden Deutsch für Studierende im Nebenfach

Unterrichtsobjekt: Bachelorstudenten

2. Unterrichtsziele des Kurses

Die wesentlichen Merkmale der deutschen Geschichte und ihre Entwicklungszüge sowie deren Auswirkungen auf die deutsche Gegenwart werden systematisch dargestellt, um den Studierenden die notwendigen Hintergrundkenntnisse für ihr weiteres Studium der deutschen Sprache, Literatur und Kultur zu vermitteln.

3. Unterrichtsinhalt und Anforderungen des Kurses

Elementare Inhalte: Einführung in die vier Phasen der deutschen Geschichte: das Altertum, das Mittelalter, die Neuzeit und die Moderne bzw. Gegenwart. Die Studierenden sollen sich dadurch ein klares Bild über die historischen Figuren und die Grundzüge der historischen Entwicklung Deutschlands schaffen und die wichtigsten Terminologien erlernen.

Schwerpunkte und Schwierigkeiten: Deutsche Bezeichnungen und Ausdrücke, die sich auf die wichtigsten historischen Ereignisse und Begriffe beziehen; die grundlegende Entwicklungslinie der deutschen Geschichte vor 1871; die entscheidenden, epochalen historischen Erscheinungen, Ereignisse und Persönlichkeiten multiperspektivisch erörtern und analysieren.

4. Zeiteinteilung

Gesamte Stundenzahl: 2Wochenstunden in zwei Semestern; 4Wochenstunden in einem Semester.

60 Stunden sind für den Unterricht gedacht und 16 Stunden für Übungen und Prüfungen.

5. Unterrichtsart

Im Unterricht dominieren Vorlesungen und Vorträge des Lehrers, die durch kleine Referate der Studierenden im Unterricht sowie zusätzliche Aufgaben und kleine Arbeiten nach dem Unterricht ergänzt werden.

Inhaltsverzeichnis

Folge 1   Wo ist Deutschland? 1
Folge 2   Die Germanen und die Römer 6
Folge 3   Das Frankenreich 13
Folge 4   Beginn der deutschen Geschichte 18
Folge 5   Glanz und Niedergang des mittelalterlichen deutschen
          Kaisertums 23
Folge 6   Deutsche Ostkolonisation 29
Folge 7   Mittelalterliche Städte 35
Folge 8   Das Spätmittelalter – Eine Zeit der Umbrüche 40
Folge 9   Der Übergang vom Mittelalter zur Neuzeit 45
Folge 10 Der Dreißigjährige Krieg 51
Folge 11 Brandenburg-Preußens Aufstieg 57
Folge 12 Deutschland 1789-1814 66
Folge 13 Deutschland 1814-1871 72
Folge 14 Die Gründung des deutschen Nationalstaates und die
          zwei Weltkriege 79
Folge 15 Deutschlands Spaltung und Wiedervereinigung 87

Übungen 94
Lösungen 143
Literaturverzeichnis 158

Folge 1
Wo ist Deutschland?

1. Deutschland im geographischen und politischen Sinne
1.1 Die Bundesländer und ihre Hauptstädte

Die Bundesrepublik Deutschland besteht aus 16 Ländern, wovon Berlin, Bremen und Hamburg Stadtstaaten sind.

Die Länder	Die Hauptstädte
Baden-Württemberg	Stuttgart
Bayern	München
Berlin	
Brandenburg	Potsdam
Bremen	
Hamburg	
Hessen	Wiesbaden
Mecklenburg-Vorpommern	Schwerin
Niedersachsen	Hannover
Nordrhein-Westfalen	Düsseldorf
Rheinland-Pfalz	Mainz
Saarland	Saarbrücken
Sachsen	Dresden
Sachsen-Anhalt	Magdeburg
Schleswig-Holstein	Kiel
Thüringen	Erfurt

1.2 Die Gesamtlage

Die Bundesrepublik Deutschland liegt in Mitteleuropa, im Herzen Europas. Sie hat zahlreiche Nachbarländer. Sie ist von 9 Nachbarstaaten umgeben. Sie grenzt im Norden an Dänemark, im Westen an die Niederlande, Belgien, Luxemburg und Frankreich. Im Süden grenzt sie an die Schweiz und Österreich. Im Osten grenzt sie an die Tschechische Republik und Polen.

1.3 Die Landschaften

Die deutschen Landschaften sind vielfältig. Von Süden nach Norden unterteilt sich Deutschland in fünf große Landschaftsräume.

1.3.1 Die Bayerischen Alpen

Die Alpen bilden den Südrand Deutschlands. Deutschlands höchster Berg ist die Zugspitze. Die Zugspitze ist 2965 Meter hoch und liegt an der deutsch-österreichischen Grenze. Europas höchster Berg, der Montblanc in den französischen Alpen, ist 4800 Meter hoch.

1.3.2 Das Süddeutsche Alpenvorland

Charakteristisch für das Alpenvorland sind Moorgebiete, Hügelketten mit Seen und kleine Dörfer. Berühmte Seen sind der Bodensee, der Ammersee, der Chiemsee und der Starnberger See.

1.3.3 Das Südwestdeutsche Mittelgebirgsstufenland

Das Südwestdeutsche Mittelgebirgsstufenland umfasst die Oberrheinische Tiefebene mit ihren Randgebirgen Schwarzwald, Odenwald und Spessart, den Pfälzer Wald und das Schwäbisch-Fränkische Stufenland mit der Alb.

1.3.4 Die Mittelgebirgsschwelle

Die Mittelgebirgsschwelle trennt den Norden vom Süden. Ihre Gipfel sind zwischen 800 und 1500 Meter hoch und zum größten Teil mit Wald bedeckt. Einige Gebirgszüge, z. B. der Harz, der Taunus, der Thüringer Wald, das Fichtelgebirge, der Bayerische Wald, sind besonders bekannt.

1.3.5 Das Norddeutsche Tiefland

Das Norddeutsche Tiefland ist ein Teil des großen Tieflandes, das sich von Russland bis Frankreich quer durch Europa erstreckt.

1.4 Die Flüsse

Die deutschen Flüsse haben zahlreiche Nebenflüsse und sind durch Kanäle miteinander verbunden. Außer der Donau fließen alle anderen großen Flüsse von Süden nach Norden.

1.4.1 Die Donau

Die 2850 km lange Donau ist der einzige deutsche Fluss, der von Westen nach Osten fließt. Sie entspringt in Deutschland, fließt durch Österreich, Tschechien, die Slowakei, Ungarn, Jugoslawien und mündet in Rumänien in das Schwarze Meer.

1.4.2 Der Rhein

Der Rhein entspringt in der Schweiz und mündet in Holland in die Nordsee. Er ist mit 1320 km der längste und für den Schiffsverkehr der wichtigste deutsche Fluss.

Folge 1 Wo ist Deutschland?

1.4.3 Die Weser
Die Weser entsteht durch den Zusammenfluss von Fulda und Werra und mündet auch in die Nordsee.

1.4.4 Die Elbe
Die im Riesengebirge entspringende Elbe fließt durch Tschechien und die Slowakei und mündet gleichfalls in die Nordsee.

1.4.5 Die Saale
Die Saale, 427 km lang, ist ein linker Nebenfluss der Elbe und entspringt im Fichtelgebirge.

1.4.6 Die Oder
Die Oder entspringt im Odergebirge, durchfließt Mähren[1], Schlesien, Brandenburg und Pommern und mündet in die Ostsee. Die Oder ist durch Kanäle mit Elbe und Weichsel verbunden. Der 910 km lange Fluss ist auch Grenzfluss (162 km) zwischen Deutschland und Polen.

1.4.6.1 Die Neiße
Zwei linke Hauptnebenflüsse der Oder sind die Glatzer Neiße (182 km) und die Lausitzer oder Görlitzer Neiße (256 km). Die Görlitzer Neiße ist Teil der Oder-Neiße-Linie.

1.4.6.2 Die Oder-Neiße-Linie
Das Potsdamer Abkommen von 1945 legte die Oder-Neiße-Linie als Demarkationslinie fest. Die Gebiete Deutschlands, die östlich der Oder-Neiße-Linie lagen, wurden unter polnische bzw. sowjetische Verwaltung gestellt. Die Deutsche Demokratische Republik (DDR) erkannte die Oder-Neiße-Linie im Görlitzer Abkommen seit 1950 als Westgrenze an, die Bundesrepublik Deutschland (BRD) erst unter Vorbehalt im Warschauer Vertrag von 1970. 1990 erzielten die UdSSR, Frankreich, Großbritannien und die USA einerseits und die beiden deutschen Staaten andererseits im Zwei-plus-Vier-Vertrag Einigung darüber, dass die bestehenden Grenzen der DDR zu dritten Staaten die künftigen Grenzen des wiedervereinigten Deutschlands zu diesen Staaten bilden.

1.4.7 Die Mosel
Die Mosel ist ein linker Nebenfluss des Rheins. Er entspringt in den

---

1. Tschechisch Morava, historisches Gebiet in der Tschechischen Republik zwischen Böhmen und der Slowakei.

südlichen Vogesen, durchfließt Lothringen und mündet bei Koblenz. Das Moseltal ist als Weinbaugebiet bekannt.

1.5 Das Klima

Deutschland liegt klimatisch im Bereich der gemäßigten und kühlen Westwindzone. Große Temperaturschwankungen sind selten. Niederschlag fällt zu allen Jahreszeiten. Im Winter schwankt die Durchschnittstemperatur zwischen 1,5 und -6 Grad Celsius, im Sommer zwischen 18 und 20 Grad Celsius. Ausnahmen bilden Oberbayern, der Harz und der obere Rheingraben mit seinem sehr milden Klima. In Oberbayern tritt regelmäßig der Föhn, ein warmer alpiner Südwind, auf. Der Harz bildet mit seinen rauhen Winden, kühlen Sommern und schneereichen Wintern eine eigene Klimazone.

2. Die geographische Besonderheit Deutschlands und deren Bedeutung

Die obige kurze Darstellung zeigt, dass sich das Gebiet, in dem Deutschland liegt, durch gemäßigtes Klima, seltene Naturkatastrophen, vielfältige Landschaftsformen und fruchtbaren Boden auszeichnet und deshalb gut bewohnbar und geeignet für die Besiedlung ist.

Außerdem wird deutlich, dass Deutschland im Süden Gebirge, im Norden Meer, im Osten und Westen offenes Land hat. Wenn man dabei berücksichtigt, dass England von Wasser umgeben ist und Frankreich im Westen durch den Ozean, im Süden durch Gebirge und Meer, im Südosten durch Gebirge begrenzt ist und nur im Norden und Nordosten offenes Land hat, so ist der Unterschied evident: Deutschland liegt in einer Mitte, es hat weder im Westen noch im Osten natürliche Grenzen.

Diese geographische Besonderheit ist von großer Bedeutung und bestimmt die politische Form mit. Einerseits kann durch die zentrale Lage die Ausdehnung des internationalen Verkehrsnetzes gefördert werden, das geistige und wirtschaftliche Leben werden bereichert und der kulturelle Austausch mit den Nachbarstaaten wird erleichtert. Andererseits kann es auch häufiger zu Konflikten und Kriegen kommen. Tatsächlich gab es in der Geschichte nur für kurze Zeit einen eigenen deutschen Staat.

Die politischen West- und Ostgrenzen Deutschlands haben sich oft

Folge 1 Wo ist Deutschland?

geändert. Die deutsche Westgrenze wurde verhältnismäßig früh fixiert und blieb auch recht stabil, während die Ostgrenze ihre Position jahrhundertelang wechselte. Um 900 verlief die Ostgrenze etwa an den Flüssen Elbe und Saale. In den folgenden Jahrhunderten wurde das deutsche Siedlungsgebiet weit nach Osten ausgedehnt. Diese Bewegung kam erst in der Mitte des 14. Jahrhunderts zum Stillstand. Die damals erreichte Volksgrenze zwischen Deutschen und Slawen hatte bis zum Zweiten Weltkrieg Bestand. Die größten Veränderungen im Grenzverlauf brachten in neuerer Zeit die Napoleonischen Kriege zu Beginn des 19. Jahrhunderts, der Preußisch-Österreichische Krieg von 1866, der Erste und der Zweite Weltkrieg. Der Zweite Weltkrieg hatte die Teilung Deutschlands und die Auflösung Preußens zur Folge.

3. Deutschland im kulturellen Sinne

Nach dem Zweiten Weltkrieg wurde Deutschland in zwei deutsche Staaten, die Bundesrepublik Deutschland und die Deutsche Demokratische Republik, geteilt. Am 3. Oktober 1990 wurde Deutschland wiedervereinigt. Das heutige Deutschland besteht aus der ehemaligen BRD, der ehemaligen DDR und Berlin. Es trägt weiterhin den Namen „Bundesrepublik Deutschland". Das ist der deutsche Staat im politischen Sinne.

Das kulturelle Leben geht jedoch über die politischen Staatsgrenzen hinaus. Der deutsche Kulturraum ist größer als der deutsche Staat. Der deutsche Kulturraum umfasst alle Gebiete, die von Menschen deutscher Muttersprache besiedelt sind. Daher sind im kulturellen Sinne Zürich und Basel wie Salzburg und Wien Städte eines deutschen Kulturraums, obwohl sie politisch jeweils zu der Schweiz und Österreich gehören. Auch die deutschsprachigen Länder sind kein isolierter Kulturraum. Sie stellen einen Teil der europäischen Kultur dar, deren Ursprung man in der Antike erblickt.

Folge 2
Die Germanen und die Römer

1. Die Germanen

1.1 Die Herkunft der Germanen

Ursprünglich stammten die Germanen aus dem südlichen Skandinavien. Im 2. Jahrhundert v. Chr. zwang sie eine Klimaverschlechterung in südliche Regionen. So kamen sie in das Gebiet des heutigen Deutschland, wo undurchdringlicher Wald war und keltische Stämme wohnten. Bei ihrem weiteren Vormarsch stießen die Germanen an die Grenzen des Römischen Reiches.

1.2 Die gesellschaftliche Organisation und Struktur der Germanen

Jeder germanische Stamm hatte einen Häuptling, um den sich die Freien des Ortes scharten. Diese Würde des Häuptlings wurde vom Vater auf den Sohn übertragen. Der Häuptling war verantwortlich für die Versorgung seines Stammes und den Erfolg im Krieg. Er konnte seine Macht nicht frei und willkürlich ausüben.

Das Thing war die germanische Volks-, Gerichts- und Heeresversammlung, die an festgelegten Tagen im Jahr stattfand. Auf der Versammlung wurden unter dem Vorsitz des Häuptlings alle Rechtsangelegenheiten des Stammes erledigt. Alle Waffenfähigen mussten erscheinen. Nur sie durften abstimmen. Die Entscheidung musste einstimmig sein.

Die Germanen waren Ackerbauern und Viehzüchter, manchmal auch Händler und Fischer. Die Arbeit wurde zwischen Mann und Frau aufgeteilt. Die Frauen halfen bei der Viehzucht und bei der Feldarbeit. Sie backten Brot, webten Decken und Kleider, fertigten Schuhe aus Rinderhäuten.

1.3 Die germanische Schrift

Die Runen sind Schriftzeichen der germanischsprachigen Stämme. Sie wurden als Inschriften, Symbole und Zauber in Holz, Erz oder Stein eingeritzt. Eine Runenreihe bestand ursprünglich aus 24 Zeichen. Im 7./8. Jahrhundert n. Chr. entwickelten sich Runenreihen von 16 Zeichen.

Folge 2   Die Germanen und die Römer

1.4 Die frühesten Informationsquellen über die Germanen

Die ersten genaueren Nachrichten über die Völker Nord- und Mitteleuropas sind durch die Römer überliefert. Cäsar, besonders der Historiker Tacitus beschrieb sie als kriegerische Stämme von Bauern und Jägern. Sie nannten diese Völker „Germanen" und das Land, das sie bewohnten, „Germanien".

1.4.1 Cäsar (Gajus Julius Caesar, 100 od. 102 v. Chr.-44 v. Chr.)

Der römische Feldherr und Staatsmann vollendete 58-51 vor Christus die Eroberung Galliens. 55/54 v. Chr. unternahm er zwei Expeditionen nach Britannien. In seinem Buch *Vom Gallischen Krieg* beschrieb Cäsar sein militärisches Vorgehen gegen die Germanen und erzählte an einer anderen Stelle etwas über Germanien und die Germanen. Vieles wusste er allerdings nur vom Hörensagen.

1.4.2 Cornelius Tacitus (um 55-nach 115)

Der römische Geschichtsschreiber beschrieb die Feldzüge der Germanen in seinen *Annalen*. In seiner *Germania* schilderte er Land, Sitten und Gebräuche der Germanen.

Nach Tacitus hatten die Germanen eine große, kräftige Gestalt mit blauen Augen und rotblonden Haaren. Durst und Hitze ertrugen sie sehr schlecht; dagegen hatten sie sich durch das rauhe Klima und den kargen Boden ihrer nördlichen Heimat an Hunger und Kälte gewöhnt.

Tacitus kritisierte die römischen Verhältnisse und wollte den Römern die einfachen Sitten und die hohe Moral der Germanen vorhalten. Besonders erkannte er ihre hohe Achtung vor den Frauen an. Aber Tacitus nannte auch ihre Fehler. Er wies vor allem auf ihren Hang zum Trinken und zu Glücksspielen hin.

2. Die Römer

Die Römische Geschichte lässt sich in 3 Phasen unterteilen. Die erste Phase – die Königzeit – dauerte von der sagenhaften Gründung der Stadt Rom durch Romulus bis 509 v. Chr. Die zweite Phase – die Republik – dauerte von 509 v. Chr. bis 30 v. Chr. Die dritte Phase – die Kaiserzeit – erstreckte sich von 30 v. Chr. bis 476 n. Chr. und ließ sich wiederum in die frühe Kaiserzeit (30 v. Chr. - 283 n. Chr.) und die späte Kaiserzeit (284 n.

Chr. - 476 n. Chr.) unterteilen. In der frühen Kaiserzeit erreichte das Römische Reich unter Kaiser Trajan (98-117 n. Chr.) seine größte Ausdehnung. Im 3. Jahrhundert geriet das Reich unter den vom Heer erhobenen „Soldatenkaisern" durch außenpolitische Niederlagen, Hungersnöte und wirtschaftlichen Niedergang an den Rand des Abgrunds. Die Rückbesinnung auf die alten Götter ließ Kaiser Decius (249-251) die erste systematische reichsweite Christenverfolgung anordnen. In der späten Kaiserzeit führte Kaiser Diokletian (284-305) die Reichsreform durch und konnte das Reich wieder festigen. Im 4. Jahrhundert erlebte das Römische Reich zwei Umwälzungen:

2.1 Anerkennung des Christentums als Staatsreligion

Das Christentum war ein orientalischer Erlösungsglaube. Konstantin der Große (280-337) erkannte 313 durch das Edikt von Mailand das Christentum an. Unter Theodosius I. (347-395) wurde das Christentum Staatsreligion.

2.2 Die Spaltung des Römischen Reiches

Unter den Söhnen des Kaisers Theodosius I. spaltete sich das Römische Reich im Jahr 395 in das lateinisch-römische Westreich und das griechisch-byzantinische Ostreich. Die Spaltung des Römischen Reiches führte auch zur Spaltung der Kirche in das lateinische Christentum und die byzantinische Orthodoxie. Das Weströmische Reich fand 476 sein Ende, während das Oströmische Reich bis 1453 weiterbestand.

3. Die Begegnungen der Germanen mit den Römern
3.1 Gewaltsame Zusammenstöße

Die kriegerischen Germanen bedeuteten eine ständige Gefahr für das Römische Reich. Dieses hatte sich in den Jahrzehnten vor Christus über den ganzen Mittelmeerraum ausgebreitet und grenzte im Norden an die germanische Welt.

Wanderungen germanischer Stämme und die Eroberungspolitik der Römer führten zu vielen Kämpfen zwischen beiden Seiten.

3.1.1 Die Kimbern und Teutonen

Um 100 v. Chr. waren die Kimbern (auch Cimbern) und Teutonen aus ihrer Heimat im heutigen Schleswig-Holstein und Dänemark nach Süden gezogen. Sie gelangten über die Alpen bis in die heutige Steiermark. Dort besiegten sie ein römisches Heer. Die Römer hatten vor allem Angst vor ihrem Blick und ihrem Schlachtgeschrei. Die Kimbern und Teutonen zogen nicht weiter nach Süden, sondern zurück nach Süddeutschland und dann nach Frankreich, wo sie schließlich von Konsul Marius besiegt und vernichtet wurden.

3.1.2 die Sueben

Im Jahr 59 v. Chr. traf Cäsar im heutigen Elsass auf die Sueben unter Ariovist. Es war zu Beginn der Eroberung Galliens. Cäsar schlug die Sueben zurück, sie blieben hinter dem Rhein.

3.1.3 Die Schlacht im Teutoburger Wald im Jahr 9 n. Chr.

Unter dem Kaiser Augustus wollten die Römer Germanien, insbesondere das Land zwischen Rhein und Elbe, zu einer römischen Provinz machen. Arminius, ein Cheruskerfürst, stand an der Spitze eines gegen Rom zusammengeschlossenen Stammesbundes. Im Jahre 9 n. Chr. lockte er drei Legionen des römischen Heeres unter Quinctilius Varus, dem Statthalter des eroberten germanischen Territoriums, etwa 20 000 Mann, in den Teutoburger Wald und vernichtete sie dort durch Angriffe aus dem Hinterhalt.

Die Schlacht im Teutoburger Wald gilt seither als historische Wende. Den nationalgesinnten deutschen Bürgern des 19. Jahrhunderts galt diese Schlacht als Befreiung von Rom und als Beginn einer germanisch-deutschen Geschichte. Hermann der Cherusker, oder auch Arminius der Cherusker, galt ihnen als erster deutscher National- und Freiheitsheld. In den Jahren 1838-1875 wurde ihm bei Detmold ein riesiges Denkmal errichtet. Das Schwert, das die Hermannstatue in der ausgestreckten Hand hält, trägt die Inschrift: „Deutschlands Einigkeit meine Stärke, meine Stärke Deutschlands Macht."

Heute sieht man die Dinge nicht mehr so einfach. Manche westeuropäischen Betrachter sehen zum Beispiel in diesem Ereignis den Fehlschlag der römischen Zivilisierung Mitteleuropas, den Beginn eines deutschen kulturellen und politischen Sonderwegs, der bis in die Gegenwart führt.

3.1.4 Der Limes

Die Germanen stießen an die Grenzen des Römischen Reiches. Sie fielen regelmäßig tief in das Reich ein und plünderten dabei kräftig. Um den Drang der Germanen nach Süden einzudämmen, bauten die Römer im 1./2. Jahrhundert n. Chr. zwischen Oberrhein und Donau den Limes, einen durchgehenden, über 500 km langen Grenzwall.

3.2 Friedliche Begegnungen

Neben Kriegen gab es auch regen wirtschaftlichen und kulturellen Austausch zwischen den Germanen und den Römern. Die Germanen nahmen den Lebensstil und die Kultur der Römer an.

3.2.1 Lateinische Lehnwörter

Der römische Einfluss lässt sich durch zahlreiche lateinische Lehnwörter in der deutschen Sprache belegen. Hier einige Beispiele: vinum – Wein, calx – Kalk, fenestra – Fenster, strata – Straße, caupo – Kaufmann.

3.2.2 Römische Erziehung und römische Bürgerschaft

Viele Germanen hatten römische Erziehung genossen und hielten es für eine Ehre, römische Bürger zu werden. Arminius der Cherusker wurde beispielsweise in Rom erzogen und kannte sich sehr gut im Lateinischen aus.

3.2.3 Dienst im römischen Heer

Viele Germanen leisteten ihren Dienst als Legionäre (Söldner) im römischen Heer und stiegen sogar in hohe Ränge auf. Arminius der Cherusker war ebenfalls ein gutes Beispiel dafür.

3.2.4 Deutsche Städte aus römischer Zeit

Köln, Trier, Koblenz, Bonn, Regensburg, Augsburg, diese berühmten deutschen Städte sind schon in der römischen Zeit gegründet worden. Die meisten dieser Städte waren Festungen und Militärlager, später auch Orte für Tauschhandel mit den Germanen. Trier war in der spätrömischen Zeit einmal eine der Hauptstädte des Römischen Reiches. In Trier gibt es viele römische Bauten, wie etwa die Porta Nigra.

3.2.5 Landwirtschaft und Bauwesen

Die Römer brachten ihre ganze Zivilisation mit in die germanischen Gebiete. Sie hatten sehr fortgeschrittene Systeme für Heißluftheizung,

Folge 2 Die Germanen und die Römer

Wasserversorgung und Kanalisation. Sie pflanzten auch Wein am Rhein und an der Mosel. Kein Wunder, dass Weinbau am Mosel-Tal heute weltbekannt ist.

4. Das Ende des Weströmischen Reiches
4.1 Die Völkerwanderung

Unter Völkerwanderung im weiten Sinne versteht man die seit Ende des 3. Jahrhunderts vor Christus aufgetretenen, durch Landnot, Klimawechsel oder Druck anderer Völker hervorgerufenen Wanderungen ganzer Völker oder Stämme. Die Völkerwanderung im engen Sinne meint die Wanderzüge der germanischen Völker nach Süd- und West-Europa im 2. bis 8. Jahrhundert. Für uns ist vor allem die Völkerwanderung im 4. bis 5. Jahrhundert von Bedeutung. Die treibende Kraft war wahrscheinlich Landnot. Der allgemeinen Meinung nach war diese beispiellose Wanderbewegung in der Geschichte durch den Einbruch der Hunnen nach Europa ab 375 unaufhaltbar. Das Reitervolk brach aus dem Inneren Asiens in den Süden Russlands ein, wo ursprünglich die Goten lebten. Sie unterwarfen sich die Ostgoten, während die Westgoten nach Westen und Süden zogen und dort ihrerseits ganze Völker vertrieben. Die Völkerwanderung führte zum Untergang des Römischen Reiches und schuf in ihren Reichsbildungen die Grundlage der abendländischen Staatenwelt.

4.2 Germaneneinfälle

Im 3. Jahrhundert griffen die germanischen Stammesverbände das Römische Reich, das sich im Zerfall befand, wiederholt an. Immer häufiger überfielen und plünderten die Germanen römische Städte, selbst die Hauptstadt Rom war vor ihnen nicht mehr sicher. Im Jahr 455 wurde Rom durch die Vandalen geplündert. Diese ununterbrochenen Einfälle der Germanen erreichten im 5. Jahrhundert im Zusammenhang mit der Völkerwanderung ihren Höhepunkt und trugen mit zum Untergang des Weströmischen Reiches bei.

4.3 Odoakers Zerschlagung des Weströmischen Reiches

Immer mehr Germanen kamen und begehrten, sich im Römischen Reich niederzulassen und sich an seiner Verteidigung zu beteiligen. Den Germanen wurde erlaubt, innerhalb des Reiches in Grenznähe zu siedeln und das römische Bürgerrecht zu erwerben. Aufgrund ihrer kriegerischen Fähigkeiten eigneten sie sich vorzüglich zu militärischen Zwecken. Bald bestanden die Prätorianergarden der römischen Kaiser vorzugsweise aus Germanen. Immer häufiger entschieden germanische Heermeister und germanische Truppenteile über die Wahl der Kaiser. In den letzten Jahrzehnten seines Bestandes wurde der Thron des Weströmischen Reiches ein Spielball in den Händen germanischer Heerführer. Zwanzig Jahre lang folgte ein machtloser Kaiser dem anderen. Im Jahre 476 wurde der letzte weströmische Kaiser, Romulus Augustulus, von dem Befehlshaber germanischer Söldner, Odoaker, abgesetzt. Odoaker machte sich zum „König der Germanen in Italien". Das war das Ende des Weströmischen Reiches.

Folge 3
Das Frankenreich

Kaiser Romulus Augustulus wurde durch seine eigenen germanischen Soldaten abgesetzt. Damit war das Weströmische Reich untergegangen. Auf seinem einstigen Territorium regierten nun die Germanen. Es entstanden viele germanische Königtümer: Bis Afrika drangen die Vandalen vor; in Spanien und Südwestgallien setzten sich die Westgoten fest; Italien, einst Kernland des Römischen Reiches, wurde Beute der Ostgoten; Britannien unterwarfen Sachsen, Angeln und Jüten; Gallien fiel an die Franken. Im Laufe der Zeit tat sich das Frankenreich hervor.

1. Die Merowinger (486-751)
1.1 Chlodwig I. – Gründer des Frankenreiches
1.1.1 Chlodwigs Gründung des Frankenreiches

Chlodwig (um 465-511) war seit 482 König der Franken. Er gründete 486 das Reich der Franken. Die Familie, der Chlodwig entstammte, hieß Merowinger. Chlodwig organisierte neue Eroberungen, machte fremde und eigene Bevölkerungen von sich abhängig. So dehnte sich bald das Fränkische Reich über weite Gebiete West- und Mitteleuropas aus. Germanische Stammesverbände wie Alemannen, Thüringer und Bayern wurden unterworfen. Die Merowinger herrschten in den folgenden Jahrhunderten fast unangefochten über ein gewaltiges Reich aus Gallien und den früher römischen Teilen Germaniens.

1.1.2 Chlodwigs Übertritt zum Christentum

Um seine Macht und die des Adels zu festigen, nahm Chlodwig im Jahr 498 das Christentum an. Dieser Schritt ermöglichte ihm, die katholische Kirche und die römischen Großgrundbesitzer Galliens, die sich auch zum Christentum bekannten, als Verbündete zu gewinnen. Dieser Schritt verband auch das Germanentum mit der römischen Tradition, verlieh Chlodwigs Machtpolitik Legitimität und symbolisierte den Beginn des Aufstiegs des

Fränkischen Reiches. Als Chlodwig im Jahre 511 starb, wurde das Reich nach fränkischem Erbrecht unter seinen vier Söhnen verteilt.

1.1.3 Die Schlacht von Poitiers

Die Franken waren auf Expansionskurs. Zur gleichen Zeit drangen von Süden her die Araber über die Iberische Halbinsel nach Gallien vor. Ihr Vormarsch wurde von den Franken verhindert.

In der Schlacht bei Poitiers in Südfrankreich besiegte im Oktober 732 die fränkische Armee unter Führung des Hausmeiers Karl Martell (688/689-741) die Araber, so dass sich diese aus dem Morgenland wieder über die Pyrenäen zurückziehen mussten. Karl Martell galt darum als Begründer der fränkischen Großmacht. Weil er dem Karolinger entstammte, wurde er als Ahnherr der Dynastie der Karolinger angesehen.

2. Die Karolinger (751-911)

Die Karolinger waren eine Adelsfamilie. Die Karolinger dienten den Merowingern über Generationen hinweg als Hausmeier (Minister). Seit dem Ende des 7. Jahrhunderts gewannen die Karolinger mit Pippin dem Mittleren größeren Einfluss im Frankenreich. Sein Enkel, Karl Martells Sohn, Pippin III., stürzte die Dynastie der Merowinger und machte sich selbst 751 zum König der Franken.

2.1 Karl der Große (747-814)

Der bedeutendste Karolingerherrscher war Karl der Große. 768 wurde er König der Franken. Die Macht teilte er zuerst mit seinem Bruder, nach dessen frühem Tod er dann seit 771 allein herrschte. Durch umfangreiche Eroberungszüge gliederte er alle westgermanischen Stämme zwischen Elbe/Saale und Rhein sowie die Langobarden in Oberitalien dem Frankenreich zu. Um die Grenzgebiete effektiv zu verwalten, ließ er Marken unter besonderen Markgrafen einrichten. In 30-jähriger Regierungszeit vergrößerte Karl der Große sein Reich fast um das Doppelte. Das Frankenreich entwickelte sich zum fränkischen Großreich.

2.1.1 Kaiserkrönung

Der Papst wurde von dem Adel der Stadt Rom angegriffen. Daher wandte sich der Papst mit der Bitte um Hilfe an Karl. Zum Dank setzte der Papst dem König Karl am 25. Dezember 800 die römische Kaiserkrone auf.

Folge 3 Das Frankenreich

So wurde der fränkische König zum Römischen Kaiser erhoben und die Tradition der römischen Kaiser durch die Germanen mit Hilfe des Papstes fortgesetzt. Karl fühlte sich als Nachfolger der weströmischen Kaiser und wollte als oberster Herr und als Beschützer der christlichen Kirche angesehen werden.

2.1.2 Die Pfalz

Im Unterschied zu den alten römischen Kaisern verfügten weder Karl noch seine Nachfolger über eine Hauptstadt im klassischen Sinne. Sie regierten aus dem Sattel und zogen von Pfalz zu Pfalz, den über das ganze Land verteilten Residenzen der Könige. Aachen war Karls Liebslingspfalz.

2.1.3 Pfleger der Kultur

Karl war für jede Art der Bildung aufgeschlossen. Er konnte lesen und schreiben. Er sprach Latein und verstand Griechisch. Er knüpfte an antikes Bildungsgut an und förderte Wissenschaft und Künste. Er ließ nicht nur die christliche Kultur schaffen, sondern auch germanische Dichtungen aufschreiben und sammeln.

2.1.4 Wirtschaftsleben

Am Anfang dominierte der Tauschhandel. Danach begann das Wirtschaftsleben auf den Märkten aufzublühen. Die Franken führten anstelle der römischen Goldwährung eine neue Silberwährung ein, deren Einheiten sich bis heute in England erhalten haben.

2.1.5 Das Lehnswesen

Eine gebildete Bürokratie und ein stehendes Heer gab es noch nicht. Zu den Mitteln, mit deren Hilfe die Karolinger den fränkischen Staat festigten, gehörte das Lehnswesen/Lehnssystem.

Der Kaiser verlieh weite Gebiete des Reiches an die geistlichen und weltlichen Fürsten. Diese schworen dem Kaiser die Treue, leisteten ihm Kriegsdienste, waren aber in ihrem Territorium relativ selbstständig. Die Fürsten ihrerseits „verliehen" das Land an die niederen Adeligen, diese wiederum an die Bauern. So entstand ein System gegenseitiger Abhängigkeit, das „Lehns-" oder „Feudalsystem". Weil das verliehene Land lateinisch „feudum" hieß, nennt man diese Gesellschaftsordnung Feudalismus und seine herrschende Klasse Feudalherren, denen der König, die weltlichen und die geistlichen Fürsten angehörten.

2.1.6 Karls Tod

Am 28. Januar 814 starb Karl der Große in Aachen, in dessen Marienkirche er beigesetzt wurde.

2.1.7 Karls Wirkung

Karl der Große ist eine der größten europäischen Herrscherpersönlichkeiten. Er war der eigentliche Begründer des Abendlandes, das germanische und romanische Völker umfasste. Seine politische Konzeption war durch Verschmelzung des antiken Erbes, christlicher Ideen und der frischen Kraft germanischer Völker geprägt. Er hat der Entwicklung des Mittelalters die Richtung gegeben.

Das Mittelalter sah in Karl dem Großen das Ideal des christlichen Herrschers. Um ihn entstand ein weitverzweigter Sagenkreis. Er wurde verklärt und zum Staatsvater stilisiert. Es gab in der Geschichte einige Perioden, in denen ihn fast alle europäischen Staaten, Frankreich, Italien, Holland, Spanien, England und Skandinavien, zu ihrem Nationalhelden erklärten und jeweils alleingültigen Anspruch auf ihn erhoben. Karls des Großen mit dem Kaisertum verknüpfte christlich-universale Reichsidee bestimmte insbesondere die deutsche Geschichte für viele Jahrhunderte. Kaiser Friedrich I. Barbarossa ließ ihn 1165 heiligsprechen. Frankreich sah Karl den Großen als Ursprung und Vorfahren an. Vom 13. Jahrhundert bis in die Napoleonische Zeit hinein war Karls Reich der Antrieb und Deckmantel für die Expansionspolitik, welche die jeweiligen französischen Machtkönige in Europa betrieben.

Gegenüber dieser Glorifizierung beurteilt die moderne Geschichtsschreibung Karl den Großen viel kritischer.

2.2 Ludwig der Fromme (778-840)

Karls Nachfolger wurde sein Sohn Ludwig der Fromme. Dieser war dritter Sohn Karls des Großen und konnte seit 814 nach dem Tode seiner Brüder Karl und Pippin allein herrschen. 816 wurde er vom Papst zum Kaiser gekrönt.

Ludwigs Herrschaft war allerdings überschattet von Kämpfen mit seinen Söhnen aus erster Ehe: Lothar I., Pippin I. und Ludwig der Deutsche wandten sich im Jahr 830 gegen ihn, nachdem er auf Betreiben seiner zweiten Gemahlin Judith von Bayern die Nachfolgeregelung zu gunsten des jüngeren Sohnes, Karl des Kahlen, geändert hatte. Ludwig der Fromme war zweimal von den älteren Söhnen abgesetzt worden, doch führten Widerstände im Klerus und Zwistigkeiten zwischen den Brüdern zu seiner Wiedereinsetzung. Diese Machtkämpfe bereiteten die Auflösung des Frankenreiches vor.

2.3 Die Teilung des Frankenreiches

Im Vertrag von Verdun 843 teilten die drei Enkel Karls des Großen, Lothar I., Ludwig der Deutsche und Karl der Kahle, das Frankenreich in 3 Teile. Lothar I. erhielt die Kaiserkrone und den Mittelteil, der von Mittelitalien über Lothringen bis an die Nordseeküste reichte. Karl der Kahle bekam den westlichen Teil und Ludwig der Deutsche den östlichen Teil.

Diese Regelung blieb jedoch nicht lange bestehen. Nach dem Tode Lothars teilten Karl und Ludwig im Vertrag von Meerssen 870 das zwischen ihren Reichen liegende Mittelreich unter sich auf. Es folgten noch weitere Teilungen in den Jahren 880 und 887. So wurde später aus dem Reich Karls des Kahlen Frankreich, aus dem Reich Ludwigs des Deutschen Deutschland, und aus dem südlichen Teil des ehemaligen Lotharreiches Italien.

Folge 4
Beginn der deutschen Geschichte

1. Beginn der deutschen Geschichte: 911 oder 919?
1.1 Das Aussterben der ostfränkischen Karolinger im Jahr 911

Ludwig das Kind, der letzte Herrscher des Ostfrankenreiches, der aus der Dynastie der Karolinger stammte, starb 911. Die ostfränkischen Stämme dachten nicht daran, zur alten gesamtfränkischen Reichseinheit zurückzukehren, obwohl die karolingische Herrschaft des Westfrankenreiches noch weiter bestand. Stattdessen wählten die mächtigen Adligen von Franken, Sachsen, Bayern und Schwaben einen Frankenherzog zum König, der kein Karolinger war und sich Konrad I. nannte. So gilt das Jahr 911 für manche Historiker als der Beginn der deutschen Geschichte.

1.2 Konrad I. (?-918)

Konrad I. entstammte dem Geschlecht der Konradiner. Er war wahrscheinlich mit den ostfränkischen Karolingern verwandt und seit 906 Herzog von Franken. Nach dem Aussterben der ostfränkischen Karolinger wurde er in Forchheim zum König gewählt, jedoch in Lothringen nicht anerkannt. Er versuchte, die zentralisierende Politik der Karolinger mit Unterstützung der Kirche weiterzuführen, scheiterte aber an der Opposition der Stammesherzogtümer (Sachsen, Schwaben, Bayern). Sein Königtum blieb eine Episode. Er starb im Dezember 918.

1.3 Heinrich I. (um 876-936)

Auch nach Konrads Tod dachten die Ostfranken nicht daran, sich dem Westfrankenreich anzuschließen. Hingegen wählten sie den Sachsenherzog Heinrich, der über ausgedehnten Grundbesitz, zahlreiche Vasallen und feudalabhängige Bauern sowie ein schlagkräftiges Heer verfügte, zum König. Dies kann von einem gewachsenen, nicht mehr fränkisch geprägten Gemeinschaftsgefühl dieser Stämme zeugen.

Ein Volkslied erzählt, dass der Sachsenherzog gerade arglos Vögel gefangen hat, als ihm ein Bote seine Wahl zum König mitgeteilt hat. So wird

Heinrich auch „Vogelfänger" genannt.

1.3.1 Maßnahmen zur Sicherung der Macht

Es glang Heinrich I. nach innen, die widerstrebenden Herzöge in Verhandlungen an sich zu binden. Er führte Krieg gegen Lothringen, das sich Westfranken anschließen wollte, und erzwang Lothringens Anschluss an sein Reich.

1.3.2 Sieg über Ungarn

Im 10. Jahrhundert kam es zu langen militärischen Auseinandersetzungen zwischen den Ungarn und den deutschen Königen. Um die häufigen Angriffe ungarischer Nomadenstämme abzuwehren, ergriff man zahlreiche Maßnahmen. Befestigungen und Burgen mit ständigen Besatzungen wurden ausgebaut und eine Panzerreiterei wurde auch aufgebaut. Durch gute Vorbereitungen konnte Heinrich I. 933 die Ungarn bei Riade an der Unstrut entscheidend schlagen. Dieser Sieg stärkte das Ansehen des Königtums und festigte den deutschen Staat. Die Zurückweisung der Ungarn war die größte Tat Heinrichs I.

1.3.3 Die Bildung des Gemeinschaftsgefühls als deutsches Volk

Die Regierungszeit Heinrichs I. dauerte bis 936. Die unter ihm vereinigten Stämme begannen, sich als ein zusammengehöriges Volk zu fühlen. Es bezeichnete sich als „diutisc". Aus „diutisc" entstand später der Name „deutsch". Das Reich, das Heinrich I. gegründet hatte, erhielt im Laufe der Zeit die Bezeichnung „Reich der Deutschen". So beginnt für einige Historiker die eigentliche deutsche Geschichte im Jahre 919 mit König Heinrich I.

2. Otto der Große

2.1 Otto I. (936-973)

Nachfolger Heinrichs I. wurde sein Sohn Otto. Otto musste sich zunächst mit rebellischen Verwandten herumschlagen und konnte schließlich seinen Anspruch auf die Krone gegen alle Anfeindungen behaupten. Es gelang ihm auch, die Thronfolge endgültig im Sinne der Weitergabe der Herrschaft an den erstgeborenen Sohn zu regeln. Er schaffte es auch, die Herzogtümer durch geschickte Heiratsverbindungen an seine Familie zu ziehen. Er dehnte die Grenzen seines Reiches immer weiter aus.

2.2 Ottos I. Reichskirchenpolitik

Weil sich verschiedene Herzöge nicht fügen wollten und Aufstände anzettelten, suchte Otto Unterstützung bei der Kirche. Die geistlichen Fürsten, Erzbischöfe, Bischöfe und Äbte der Klöster waren auch an einem solchen Bündnis interessiert, denn sie konnten nur mit königlicher Hilfe im gesamten Staat wirken. So kam es zu Ottos I. Reichskirchensystem. Damit konnte der König die geistlichen Machtmittel der Kirche besser nutzen, zuverlässige Personen zur Lösung wichtiger staatlichen Aufgabe gewinnen, die Herzöge zurückdrängen und, weil die Geistlichen nicht heiraten durften und ihre Nachfolger vom König ohne Rücksicht auf Verwandtschaft ernannt werden konnten, weiter über das ausgegebene Land verfügen. Im Gegenzug konnten die hohen geistlichen Fürsten Königsschutz für ihre Gebiete erhalten, bei schweren Verbrechen rechtsprechen, umfangreiches Land geschenkt bekommen und hohe weltliche Funktionen innehaben.

2.3 Sieg über die Ungarn

Im 10. Jahrhundert zogen die Ungarn häufig durch den Süden und Osten, wobei sie plünderten und mordeten. Das Reich war gefährdet. Im August 955 fand auf dem Lechfeld bei Augsburg eine entscheidende Schlacht statt. Die Ungarn erlebten eine katastrophale Niederlage, so dass sie sich in ihre Heimat zurückziehen, mit allen Raubzügen aufhören und sesshaft werden mussten.

2.4 Ottos Krönung zum Kaiser im Jahre 962

Aufgrund eines dringenden Hilferufs von Papst Johannes XII. eilte Otto im Jahr 962 nach Rom, wo ihn der Heilige Vater, zum Dank für seine Unterstützung, zum Kaiser krönte. Damit erneuerte Otto den imperialen Anspruch Karls des Großen und stellte sich wie dieser in die Nachfolge der römischen Kaiser. Wie sein Vorgänger Karl wurde er „der Große" genannt.

2.5 Ottos I. Italienpolitik

Mit der zunehmenden Stärkung des deutschen Staates wuchs der Drang des Königs, fremde Gebiete zu erobern. 951 zog Otto I. zum ersten Mal über die Alpen, um sich Norditalien, das damals zu den reichsten Gebieten Europas gehörte, zu unterwerfen.

Seitdem Otto sich 962 in Rom hatte zum Kaiser krönen lassen, hatte der deutsche König begründete Aussicht auf die Kaiserwürde. Das Kaisertum war der Idee nach universal und verlieh seinem Träger die Herrschaft über das gesamte Abendland. Zur Kaiserkrönung durch den Papst musste sich der König nach Rom begeben. Damit begann Otto I. die Italienpolitik, die von seinen Nachfolgern fortgesetzt wurde. Die deutschen Könige konnten 300 Jahre lang ihre Herrschaft in Ober- und Mittelitalien behaupten. Dadurch wurden jedoch die wichtigen Aufgaben in Deutschland vernachlässigt.

3. Kaiser und Kirche in Einheit und Konflikt
3.1 Der Vorrang des Kaisertums gegenüber dem Papsttum

Der Papst war das Oberhaupt der christlichen Kirche Europas. Er residierte in Rom. Sein Einfluss war bis ins 11. Jahrhundert hinein gering. Sowohl unter Karl dem Großen als auch unter Otto dem Großen lag die Herrschaft über Reich und Kirche in der Hand des „von Gott gekrönten" deutschen Kaisers. Die Päpste waren von den Kaisern abhängig. Otto I. setzte zum Beispiel zwei Päpste in ihr Amt ein. Unter den Nachfolgern Ottos kam es zwar zu Rückschlägen. Ein neuer Aufschwung trat aber unter der Dynastie der Salier (1024-1125) auf. Mit Heinrich III. (1039-1056) stand das deutsche König- und Kaisertum auf dem Höhepunkt der Macht. Es behauptete seinen Vorrang gegenüber dem Papsttum.

3.2 Der Aufstieg des Papsttums

Im 11. Jahrhundert erstarkte das Papsttum durch Reformbewegungen wieder. Besonders die Cluny-Bewegung war eine große geistliche Reform. Sie ging im 10. Jahrhundert aus der französischen Benediktinerabtei Cluny aus. Zu ihrem Programm gehörte die Befreiung der Kirche von jeder weltlichen Macht. Die Erneuerung der Kirche nach ihrem Niedergang in der spätkarolingischen Zeit und die Vorbereitung ihrer Blüte im hohen Mittelalter war das Verdienst dieser Bewegung. Sie schuf die Grundlagen für den Aufstieg des Papsttums zu weltbeherrschender Stellung im 12. und 13. Jahrhundert.

3.3 Der Konflikt zwischen Kaiser und Papst

Da das Papsttum sich als neue moralische und politische Macht erhob, wollte es sich nicht mehr damit abfinden, weiterhin der Spielball zu sein. Es beanspruchte für sich das Recht auf die Investitur, also das Recht darauf, Bischöfe und Äbte einzusetzen. Die Fürsten stellten sich dabei an die Seite des Papstes, um eigene Interessen zu behaupten. So kam es zwischen Kaisertum und Papsttum zu immer heftigerem Streit. Die Einheit von Reich und Kirche brach auseinander. Der Konflikt und Kampf zwischen Kaiser und Papst prägte fortan die Geschichte des Mittelalters. Ein bekanntes Beispiel dafür ist der Bußgang nach Canossa.

3.4 Bußgang nach Canossa 1077

Hauptfiguren waren dabei der deutsche König Heinrich IV. und Papst Gregor VII.

König Heinrich IV. (1050-1106) war Sohn von Heinrich III., und wurde 1056, als er erst 6 Jahre alt war, bereits König. Er regierte bis 1066 unter der Vormundschaft seiner Mutter Agnes von Poitou und des Erzbischofs Adalbert von Hamburg-Bremen.

Gregor VII. (um 1024-1085), ursprünglich Mönch Hildebrand, wurde 1073 Papst. Als Vertreter der kluniazensischen Reform kämpfte er für die Vorrangstellung des Papsttums gegenüber dem Kaisertum. Er lehrte, dass die Kirche nicht die Dienerin des Reiches, sondern der Kaiser der Diener des von Gott gekrönten römischen Papstes sei. Er sprach gegen den Kaiser ein Investiturverbot aus und setzte die Investitur mit der Simonie, dem Kauf und Verkauf geistlicher Ämter, gleich.

Der Streit zwischen weltlicher Macht und geistlicher Macht eskalierte. Im Januar 1076 erklärte der König den Papst für abgesetzt. Daraufhin sprach dieser über jenen den Bann aus. Eine Gelegenheit, die auch die Feinde Heinrichs ausnutzen wollten, um ihm den Garaus zu machen. Um sich aus dieser gefährlichen Lage zu befreien, zog König Heinrich IV. im Winter trotz Eis und Schnee über die Alpen und kam im Büßerhemd vor die norditalienische Burg Canossa, wo sich Papst Gregor VII. aufhielt. Der Papst ließ ihn draußen bei bitterer Kälte mit bloßen Füßen drei Tage lang warten. Durch die Vermittlung der Burgbesitzerin Mathilde, Markgräfin von Tuszien, und des Abtes von Cluny empfing ihn der Papst schließlich am 28. Januar 1077 und erteilte ihm die Absolution.

Das Ereignis zeigte, dass die Vorrangstellung des Kaisertums gegenüber dem Papsttum nicht mehr zu halten war. Kaiser und Papst standen sich seither als gleichrangige Mächte gegenüber.

Folge 5
Glanz und Niedergang des mittelalterlichen deutschen Kaisertums

Glanz und Niedergang des mittelalterlichen deutschen Kaisertums sind mit der Dynastie der Staufer (1152-1254) verbunden. Die Staufer wurden auch Hohenstaufen und Schwäbische Kaiser genannt, weil sie ein schwäbisches Fürstengeschlecht waren und ihre Ende des 11. Jahrhunderts erbaute Stammburg auf dem Hohenstaufen[1] lag. Stammvater war Friedrich von Büren, dessen Sohn Friedrich 1079 das Herzogtum Schwaben erhielt. Nach dem Tod Kaiser Heinrichs V. fielen im Erbgang die gesamten Hausgüter der Salier an die Staufer. Von 1138 bis 1254 waren sie Könige und Kaiser des Heiligen Römischen Reiches. 1268 erlosch das Geschlecht mit Konradin im Mannesstamm.

1. Glanz des mittelalterlichen deutschen Kaisertums
1.1 Friedrich I. Barbarossa (1122(?)-1190)

Friedrich I., genannt „Barbarossa", war Sohn eines Staufers und einer Welfin. Er kam im März 1152 an die Macht. Drei Jahre später wurde er Kaiser.

1.1.1 Die Herkunft des Beinamens „Barbarossa"

„Barbarossa" ist italienisch und bedeutet „Rotbart". Es ist der Beiname des deutschen Kaisers Friedrich I. Wie seine Vorgänger zog Friedrich I. oft nach Italien. Die italienischen Zeitgenossen nannten ihn, später auch seinen Enkel Friedrich II., wegen des rötlich blonden Bartes „Barbarossa".

1.1.2 Gegensatz zwischen dem Kaiser und dem Papst

Die Zeit war geprägt durch den Gegensatz zwischen dem Kaiser und dem Papst. Beide wollten die Oberherrschaft über die Christenheit erhalten. Es gab lange Streitigkeiten über die Rechte bei der Einsetzung der Bischöfe.

---

1. Hohenstaufen ist Zeugenberg vor dem Steilrand der Schwäbischen Alb, 684m hoch.

Beide wollten auch Italien beherrschen, denn Italien war lange Zeit das wirtschaftlich bedeutendste und am weitesten fortgeschrittene Land in Europa.

1.1.3 Die Italienpolitik Friedrichs I.

Friedrich I. wollte Italien, vor allem die reichen oberitalienischen Städte, unterwerfen. Dieser Drang nach Süden wurde zu einem bestimmenden Faktor staufischer Politik. Immer häufiger zog Friedrich über die Alpen. Das verwickelte ihn in schwere Kämpfe mit dem Papsttum und den lombardischen Städten. Friedrich konnte manchen Sieg feiern, er gliederte sogar Süditalien ihrem Machtbereich ein. Trotzdem stieß er auf heftige Widerstände. 1176 schlugen die Truppen der Städte bei Legnano das deutsche Ritterheer. Danach schloss Friedrich I. 1177 in Venedig Frieden mit dem Papst und 1183 in Konstanz mit den lombardischen Städten. Der Kaiser musste sich mit einer lockeren Anerkennung seiner Oberherrschaft begnügen. Letztlich endete Friedrichs I. Italienpolitik mit einer katastrophalen Niederlage.

Die Italienpolitik des Kaisers hatte auch in Deutschland viele Gegner. Die deutschen Fürsten wollten sich selbstständig machen. Sie verfolgten eigene Interessen.

1.1.4 Der Sieg Friedrichs I. über Heinrich den Löwen

Im Reich gelang Friedrich I. der Ausbau der staufischen Hausmacht. Die Familie der Staufer, der Friedrich entstammte, kämpfte mit den Welfen um die Vorherrschaft. „Barbarossa" stürzte den Welfenherzog Heinrich den Löwen.

Heinrich der Löwe (um 1129-1195) war Vetter Friedrichs I. Er kam aus dem Hause der Welfen. Er war Herzog von Bayern und Sachsen und galt als der mächtigste Fürst der Zeit. Er wähnte sich königsgleich und sah die Kolonisierung des Ostens als wichtigste politische Aufgabe. Er förderte die deutsche Ostkolonisation im ostelbischen Slawenland, unterwarf Mecklenburg, gründete die Städte München und Lübeck. Heinrich der Löwe weigerte sich, dem Kaiser mit Truppen nach Italien zu folgen. Barbarossa wurde in Italien besiegt und schrieb Heinrich dem Löwen die Schuld zu. 1180 wurde Heinrich der Löwe geächtet. Alle seine Würden wurden ihm aberkannt. Er verlor seine Herzogtümer und wurde nach England verbannt. Das Haus der

Wittelsbacher erhielt das Herzogtum Bayern zum Lehen.

1.1.5 Tod Friedrichs I.

Friedrich I. betrachtete sich als Schutzherrn der Christenheit. 1189 war er Anführer des 3. Kreuzzugs. Er starb jedoch auf dem Weg nach Palästina. Auf dem Zug in das Heilige Land erlag er am 10. Juni 1190 einem Herzschlag beim Baden im Fluss Saleph[1] (auch Salef).

1.1.6 Barbarossa als Sinnbild der nationalen Sehensüchte

Friedrich Barbarossa galt schon seinen Zeitgenossen als Vorbild ritterlicher Gesinnung, als Bewahrer des Rechts und Beschützer der Armen. In seiner Epoche wie auch im Gedächtnis späterer Zeiten ist er der volkstümlichste mittelalterliche Kaiser gewesen. Sein Hofleben, seine wechselvollen Italienzüge, sein Triumph über den rebellischen Herausforderer Heinrich den Löwen und sein sonderbarer Tod in Kleinasien während des 3. Kreuzzuges, das alles lieferte Stoff für unzählige Mythen. Einer davon ist die bekannte Sage vom schlafenden Barbarossa im Kyffhäuser, in welcher er zum Wandler und Retter der Welt stilisiert worden war.

Im frühen 19. Jahrhundert wurde er zum Sinnbild der schweifenden nationalen Sehnsüchte. Die Enthusiasten der damaligen deutschen Nationalbewegung erblickten in ihm das Symbol für die schlafende Nation. Die Propagandisten des Deutschen Reichs von 1871 suchten „Barbablanca", den weißbärtigen Kaiser Wilhelm I., mit Barbarossa und damit das Reich der Hohenzollern mit dem der Hohenstaufen gleichzusetzen. Im 2. Weltkrieg wurde Barbarossa sogar zum Decknamen des deutschen Feldzugsplanes gegen die UdSSR. Der Überfall auf die Sowjetunion hatte Hitler eigentlich für Mitte Mai 1941 beschlossen. Angesichts der ungünstigen Wetterlage wurde er jedoch um 6 Wochen verschoben. Am 22. Juni 1941 fiel die deutsche Wehrmacht in die Sowjetunion ein. Das Unternehmen „Barbarossa" führte Deutschland in den Zweifrontenkrieg.

1.2 Heinrich VI. (1165-1197)

Der Sohn Friedrichs I., Heinrich VI., erwarb 1194 das normannische Königreich Sizilien. Er herrschte über ganz Deutschland und Italien. Sein Einfluss erstreckte sich von England bis Jerusalem und das Reich erreichte

---

1. Mittelalterlicher Name des türkischen Flusses Göksu im Südanatolien, 180 km lang, mündet ins Mittelmeer.

unter seiner Herrschaft die größte Ausdehnung. Heinrich VI. starb sehr jung.

1.3 Friedrich II. (1194-1250)

Heinrichs VI. Sohn, Friedrich II., wuchs in Sizilien auf. Er erbte von seiner Mutter Konstanze das Normannenreich Sizilien. Er war seit 1212 König und seit 1220 Kaiser.

Friedrich II. herrschte über ein riesiges Reich. Er fühlte sich nicht mehr als Deutscher. Er kam selten nach Deutschland. Er überantwortete den Fürsten viele Rechte, gab ihnen die Städte preis und überließ den Freien Städten das Feld. Er selbst baute in Sizilien einen modernen Staat auf, der auf römischen, byzantinischen, normannischen und arabischen Grundlagen ruhte. Sein Hof war Mittelpunkt des geistigen und künstlerischen Lebens. Seine Gegnerschaft zum Papsttum mündete in einen Macht- und Propagandakrieg. Die kaiserliche Propaganda schilderte ihn als letzten Kaiser der Weltgeschichte mit messianischen Zügen. Die päpstliche Propaganda dagegen sah in ihm den gefährlichsten Feind und ließ ihn als das Untier der Apokalypse, als Antichrist, erscheinen. Friedrich II. starb 1250. Danach ging die deutsche Herrschaft über Italien zu Ende und die Entwicklung der Nationalstaaten setzte in Europa an. Die Idee des Kaisertums wurde unwichtiger.

2. Niedergang des mittelalterlichen deutschen Kaisertums

2.1 Das Schicksal der letzten Staufer

Mit dem Tod Friedrichs II. erlosch der Glanz des Stauferreiches. Die letzten Staufer nahmen ein tragisches Ende. Konrad IV. (1237-1254), Sohn Friedrichs II., starb vier Jahre nach dem Tode des Vaters in Italien, ohne zum Kaiser gekrönt worden zu sein.

Konradin (25.3.1252-29.10.1268), der letzte Staufer und Enkel Friedrichs II., war Herzog von Schwaben und wuchs am Hof seines Oheims Ludwig von Bayern auf. Seine mehrfach geplante Wahl zum deutschen König wurde vom Papst verboten. Als dieser das Königreich Sizilien an Karl von Anjou zu Lehen gab, der dort den staufischen König Manfred besiegte, zog der kleine Konrad im Herbst 1267 nach Italien, um das Stauferebe zu beanspruchen, wurde jedoch am 23. August 1268 in der Schlacht bei Tagliacozzo von Karl von Anjou besiegt, durch Verrat gefangengenommen und mit ganzen sechzehn Jahren in Neapel enthauptet.

2.2 Das Interregnum (1254-1273)

Mit dem Tod Konrads IV. begann in Deutschland das Interregnum, bei dem man in erster Linie an Friedrich Schillers viel zitierte Definition, „die kaiserlose, schreckliche Zeit", denkt.

Das lateinische Wort „Interregnum" bedeutet „Zwischenherrschaft". Darunter versteht man die Zeit vom Tode eines Herrschers bis zur Wahl des Nachfolgers. In der deutschen Geschichte ist damit vor allem die Zeit zwischen 1254 und 1273 gemeint.

2.3 Das Eintreten der Habsburger in die Geschichte

Das Interregnum wurde beendet durch die Habsburger, die als eine neue Dynastie in die Geschichte eingingen.

Die Habsburger sind ein nach der Habsburg benanntes Herrschergeschlecht. Habsburg hieß eigentlich Habichtsburg, war Stammsitz der Habsburger und wurde 1020 erbaut. Ursprünglich waren die Habsburger Grafen mit Besitzungen in der Schweiz und im Elsass. Mit Rudolf V. erlangten sie die Habsburg. Mit Rudolf I. bestieg 1273 zum erstenmal einer der Habsburger den Thron. Durch Rudolf von Habsburg, der 1282 auch Österreich und die Steiermark erwarb, erlangten die Habsburger die Königswürde. Von 1438 bis 1740 und von 1745 bis 1806 kamen aus ihren Reihen die Römischen Kaiser. 1556 wurden die Habsburger in eine spanische und eine österreichische Linie geteilt. Von 1804 bis 1918 stellten sie die Kaiser von Österreich.

2.4 Die Goldene Bulle

Nach dem Zusammenbruch des Stauferreiches fiel das Recht, den deutschen König zu wählen, in die Hände einer kleinen Gruppe von mächtigen Fürsten. Zu ihnen gehörten die Erzbischöfe von Köln, Mainz und Trier, der rheinische Pfalzgraf, der Markgraf von Brandenburg, der Herzog von Sachsen und der König von Böhmen. Man nannte sie Kurfürsten. Hier bedeutet „Kur" „Wahl" und „küren" „wählen". Zeichen des Kurfürsten war der Kurfürstenhut, ein roter, mit Hermelin besetzter Hut. 1356 erließ Kaiser Karl IV. die „Goldene Bulle". Das Gesetz legte das Recht der 7 Kurfürsten, den König zu wählen, und deren Rechte als Landesherren fest. Die Landesherren regierten ihr Gebiet völlig selbstständig und gehorchten dem

König nur in wenigen Fragen. Der Erlass der „Goldenen Bulle" war der äußere Ausdruck dafür, dass in Deutschland die Fürsten über die Zentralgewalt gesiegt hatten.

Folge 6
Deutsche Ostkolonisation

Während der Völkerwanderung von den Germanen wurden die Gebiete zwischen Elbe/Saale und Weichsel aufgegeben. In diese Gebiete waren seit dem 6. Jahrhundert slawische Stämme eingewandert. Elbe und Saale blieben bis ins 12. Jahrhundert die Grenze zwischen Deutschen und Slawen. Seit dem 10. Jahrhundert wanderten deutsche Siedler Richtung Osten. Dieser Wanderungsprozess dauerte bis ins späte Mittelalter. Seit dem 13. Jahrhundert war auch der Deutsche Ritterorden in Ostpreußen und in den baltischen Ländern tätig.

1. Ostkolonisation deutscher Könige und Fürsten von 12. bis 15. Jahrhundert

1.1 Die Treibmotoren der Ostkolonisation

Die meisten Söhne der deutschen Fürsten und Landesherren hofften vergeblich darauf, Land zu erhalten, weil nur der älteste Sohn den väterlichen Besitz erben konnte. Um ein Lehen zu erhalten, strebten diese Brüder nun danach, fremde Länder zu erobern. Auch die Fürsten und Landesherren wollten sich noch mehr Lehen verschaffen. Außerdem wollten die geistlichen Fürsten die Slawen zum Christentum bekehren. So begannen sie alle, nach Osten vorzudringen.

1.2 Der Vorgang der Ostkolonisation

In Kriegszügen gegen die ostelbischen Slawen wurde ein Teil der slawischen Stämme besiegt. Der Polenherzog wurde gezwungen, die Oberhoheit des deutschen Kaisers anzuerkennen. Die Herrschaft deutscher Fürsten wurde ausgedehnt und die eroberten Gebiete wurden missioniert.

1.2.1 Slawenkreuzzug 1147

1147 unternahmen sächsische Adlige unter Führung ihres Herzogs Heinrich des Löwen und andere Landesfürsten den sogenannten Slavenkreuzzug gegen die Obodriten und Lutizen mit dem Ziel, diese zum

Christentum zu bekehren. Die slawischen Stämme wehrten sich mit aller Kraft. Die deutschen Eroberer mussten sich zurückziehen.

1.2.1 Weitere Eroberungen deutscher Fürsten im Slawenlande seit dem 12. Jahrhundert

Nach dem Scheitern des Slawenkreuzzugs 1147 unternahmen die deutschen Landesfürsten sehr bald neue Vorstöße in das Slawenland. Im 12. Jahrhundert eroberten sie die Gebiete der Obodriten und Lutizen endgültig und richteten hier die Fürstentümer Mecklenburg und Brandenburg ein. Danach stießen sie über die Oder vor und besetzten dort viele Gebiete.

2. Deutscher Ritterorden

Während der Kreuzzüge hatten sich die Ritter zu Gruppen mit gemeinsamen Zielen und Idealen zusammengeschlossen. Daraus wurden Ritterorden. Einer dieser geistlichen Vereinigungen war der Deutsche Ritterorden. Ihn hatte Herzog Friedrich von Schwaben, Sohn Barbarossas, vor Akkon 1191 zunächst als Hospitalbruderschaft gegründet. Die Aufgaben bestanden vor allem im Kampf gegen die Heiden und in der Krankenpflege. Die Tracht war ein weißer Mantel mit schwarzem Kreuz. 1226 verlegte der Orden unter seinem Hochmeister Hermann von Salza sein Haupttätigkeitsfeld nach Preußen und begann die Christianisierung der Prußen. Der Deutsche Orden führte seit 1230 den Krieg gegen die Prußen und Litauer. Seit 1237 herrschte der Deutsche Ritterorden auch über Livland und Kurland. Das weitere Vordringen des Ordensritter im Baltikum[1] wurde 1242 durch die Schlacht auf dem Eis der Peipussees[2] verhindert. Hierbei schlugen die Nowgoroder unter Fürst Alexander Newski den Deutschen Ritterorden vernichtend. 1308/09 gewann der Ritterorden Pommerellen (Westpreußen) mit Danzig und 1346 Estland. Seit dem Ende des 14. Jahrhunderts verschärfte sich zwischen dem Ordensstaat und Polen-Litauen

---

1. Seit Ende des 19. Jahrhunderts Bezeichnung für die historischen Landschaften Livland, Estland und Kurland als Provinzen des russischen Reiches, später Bezeichnung für das Gebiet der baltischen Staaten Lettland und Estland, vielfach auch unter Einbeziehung Litauens.
2. See in Russland und Estland, 2670 Quadratkilometer.

Folge 6   Deutsche Ostkolonisation

die Spannung, die sich am 15. Juli 1410 in der Schlacht bei Tannenberg[1] entlud. Hierbei wurde die Macht der deutschen Ordensritter durch ein polnisch-litauisch-russisches Heer unter dem König Wladislaw II. von Polen endgültig gebrochen. Der Ordensstaat musste die polnische Oberhoheit anerkennen. 1525 trat der Hochmeister Markgraf Albrecht von Brandenburg (1490-1568) der Reformation bei. Gleichzeitig trat er Preußen an den polnischen König ab und erhielt es als Herzogtum unter polnischer Lehnshoheit zurück. Der katholisch gebliebene Teil des Ordens lebte in Süd- und West-Deutschland weiter.

3. Nachlassen der Ostkolonisation seit der 2. Hälfte des 14. Jahrhunderts

Seit der zweiten Hälfte des 14. Jahrhunderts wurde die Ostkolonisation infolge des großen Menschenverlusts durch die Pest von 1348 und der entstandenen nationalen Widerstände nicht mehr so intensiv betrieben.

4. Der Charakter der Ostkolonisation
4.1 Militärische Eroberung und friedliche Besiedlung

Der gewaltsamen militärischen Eroberung folgte die friedliche Besiedlung in Mecklenburg, Ostbrandenburg, Pommern, Schlesien und Nordmähren. An der Kolonisation dieser Gebiete waren alle Stände des Altreiches beteiligt: Fürsten, Ritter, Bischöfe, Mönche, Bauern und Bürger. Die Ritterheere errichteten Burgen, wurden mit größeren Gütern belehnt und übernahmen den Schutz des Landes. Die Mönche errichteten Klöster und Kirchen, verbreiteten ihren Glauben unter den Slawen. Die Kaufleute und Handwerker errichteten Städte und die Bauern Dörfer.

4.2 Bauern als Träger der Ostkolonisation

Die Bauern wurden zu den Trägern der Ostkolonisation. Sie waren von

---

1. Ort im westlichen Masuren, Polen. Die Schlacht bei Tannenberg 1410 ist eine der größten Schlachten des Mittelalters. Bei demselben Ort wurde im August 1914 die 2. russische Armee unter A. W. Samsonow von der deutschen 8. Armee unter Paul von Hinderburg durch eine Umfassungstaktik vernichtend geschlagen. Das 1927 errichtete monumentale Tannenbergdenkmal wurde 1945 gesprengt. Namen und Symbole nach der Schlacht bei Tannenberg 1410 trägt auch das Grunwaldkreuz, die polnische Kriegsauszeichnung, die 1944 für besondere Verdienste im 2. Weltkrieg gestiftet wurde.

den slawischen Fürsten vorwiegend zur Kultivierung von Marsch- und Ödland herbeigerufen worden. Diese Bauern stammten vor allem aus Flandern[1] und Holland, aber auch aus Mittelfranken, Thüringen und Obersachsen. Im Gegensatz zu der übervölkerten Heimat mit oft schlechtem Rechtsstatus wurden sie von den Freiheitsrechten angelockt, die ihnen die Grundherren im Osten versprachen. Sie erhielten vererbbare, frei veräußerliche Pachtgüter gegen mäßigen Zins ohne gutsherrliche Lasten.

4.3 Entstehung von Städten und Dörfern

Im Zuge des allgemeinen Landesausbaus entstanden Hunderte von Städten und Tausende von Dörfern östlich der Elbe. Die Ostkolonisation zwischen dem 11. und dem 13. Jahrhundert ließ z.B. eine Reihe von Städten wie Lübeck, Rostock, Danzig, Thorn[2], Marienburg und Riga entstehen. Die neuen Städte im Osten organisierten sich nach dem Vorbild der Städte im Westen des Deutschen Reiches.

5. Die Bedeutung der Ostkolonisation

Die Ostkolonisation hat die deutsche Landschaft und damit auch die deutsche Geschichte tiefgreifend verändert. Bisher floß der Rhein mitten durch Deutschland. Seit der Ostkolonisation teilte nicht mehr der Rhein, sondern die Elbe das deutsche Gebiet in fast zwei gleich große Teile. Um 200 000 Quadratkilometer wurde das Siedlungsgebiet nach Osten erweitert.

Die einheimische Bevölkerung nahm auch an der Ostkolonisation teil. Die Elb- und Ostseeslawen assimilierten sich, verloren ihre Sprachen und gingen in der ostdeutschen Mischbevölkerung auf. Aus der Verschmelzung von Menschen aller deutschen Stämme und ihrer Vermischung mit den einheimischen Slawen entstanden neue Stämme: Westpreußen, Ostpreußen, Pommern, Mecklenburger, Schlesier und Sudetendeutsche.

In den späteren Jahrhunderten haben in den Ostgebieten Deutsche und Slawen große Leistungen auf dem Gebiet der Kultur und Wirtschaft vollbracht. Aber auch auf die Politik des deutschen Reiches gewann der

---

1. Niederländisch: Vlaanderen. Historische Landschaft an der Nordseeküste. 1384 burgundisch, 1477 habsburgisch, 1556 spanisch, 1794 französisch, 1830 zum großen Teil belgisch.
2. Polnisch Toruń. Polnische Stadt an der Weichsel. 1411 wurde der 1., 1466 der 2. Thorner Frieden zwischen Polen und dem Deutschen Ritterorden geschlossen. 1466 polnisch, 1793 preußisch, 1919 polnisch.

Osten im Laufe der Zeit entscheidenden Einfluss. Östliche Gebiete wie Preußen und Österreich übernahmen schließlich die politische Führung des Reiches.

6. Forschungsprobleme

Die Erforschung der Ostkolonisation begann Mitte des 19. Jahrhunderts, besonders in Livland, Schlesien, Böhmen und Siebenbürgen[1]. Das Erlebnis des Ersten Weltkrieges und die Auseinandersetzungen um den Versailler Vertrag führten zu sehr gegensätzlichen Meinungen. Der Vorgang wurde von slawischer Seite negativ beurteilt, von deutscher Seite durch den Nationalismus und mehr noch durch den Nationalsozialismus missgedeutet. Von deutschen Forschern wurde die Ostkolonisation als „Großtat" bezeichnet, während die polnische Forschung sich seit 1920 bemühte nachzuweisen, dass die Ostkolonisation nur schon errungene Fortschritte der slawischen Bevölkerung bestätigte und dass die Übernahme des deutschen Rechts nicht die Anwesenheit deutscher Siedler bedeuten müsse.

Diese Meinungsverschiedenheiten bekommt man noch heute zu spüren. Allein für denselben historischen Vorgang rivalisieren vier Definitionsarten: *Deutsche Ostexpansion, Deutsche Ostkolonisation, Deutsche Ostsiedlung* und *Deutsche Ostbewegung*. Der Begriff *Ostexpansion* betont den gewaltsamen Charakter des Vorganges, während die Begriffe *Ostsiedlung* und *Ostbewegung* die Erweiterung nach Osten als friedlichen Vorgang darstellen. Man weist gleichzeitig darauf hin, dass zur Vermeidung der unangenehmen Assoziation zum „Kolonialismus" der Begriff „deutsche Ostsiedlung" dem der „Ostkolonisation" vorzuziehen sei. Es wird behauptet, dass dieser Vorgang nur in zeitlichen und räumlichen sehr begrenzten Fällen eine Ausbeutung unterworfener Gebiete gewesen sei und dass der Osten selbst Nutzen gehabt habe. In diesem Sinne wird auch die Formulierung „Siedlungsbewegung in Osteuropa" verwendet, nur in noch

---

1. (Transsilvanien, rumän. Transilvania) Becken- und Gebirgslandschaft in Rumänien. Klausenburg, Kronstadt und Hermannstadt sind die größten Städte. In der Bevölkerung bilden Ungarn und Deutsche bedeutende Minderheiten. Im 10. Jh. war Siebenbürgen Teil Ungarns; im 12./13. Jh. siedelten deutsche Kolonisten („Sachsen") an. Siebenbürgen war seit 1541 eigenständiges Fürstentum unter osmanischer Oberhoheit, 1691 österreichisch, 1867 ungarisch, 1921 rumänisch, 1940 ungarisch, seit 1947 wieder rumänisch.

verdeckterer Weise.

Aus chinesischer Perspektive stellt sich dieser Vorgang sowohl als gewaltsam als auch als friedlich dar. Deshalb wurde dieses Kapitel mit dem Titel *Deutsche Ostkolonisation* überschrieben.

Folge 7
Mittelalterliche Städte

Die Entstehung von Städten ist eng verknüpft mit der Vorbereitung und Entstehung höherer Zivilisationsformen. Allgemeine Voraussetzungen waren ein erhebliches Bevölkerungswachstum und rationellere, arbeitsteilige Wirtschaftsformen. Als ursprüngliche Funktion der Stadt werden Schutz-, Güterverteilungs-, Herrschafts- und Kultfunktion angesehen.

Städte und Bürgertum setzten in Europa nördlich der Alpen seit dem 10. Jahrhundert neu ein. Im 12. Jahrhundert erblühten die alten Zentren zu neuem Leben. Es kam zu zahlreichen Neugründungen. Städte waren Machtzentren, vor allem auch Märkte. Sie zogen Handel und Siedler an. Die Hauptphase der Stadtgründungen lag im 13./14. Jahrhundert. Besonders das 13. Jahrhundert stellte den Höhepunkt dar. Begüngstigt durch Bevölkerungswachstum, Landesausbau und Ostkolonisation wuchs im Laufe des 13. Jahrhunderts die Zahl der Städte gewaltig an.

Die Städte hatten im Mittelalter meist eigene Verwaltung, Gerichtsbarkeit, Marktrecht. Das Stadtrecht einiger deutscher Städte breitete sich besonders in Ost-Europa weit aus. Im 13. Jahrhundert entstanden mächtige Städtebünde. Später verloren die meisten Städte ihre Selbstständigkeit an die Landesherren.

1. Herkunftsorte der deutschen Städte

Eine wichtige Voraussetzung für die Städte war das Entstehen von Handelsplätzen, wo sich Kaufleute und Handwerker niederließen. Verfallene Römerstädte, Bischofssitze und Klöster, Burgen und Pfalzen, Kreuzungen von Handelsstraßen und Flussübergänge, dies sind die Orte, an denen Waren regelmäßig getauscht wurden. So kam es zu Märkten, die sich dann anlässlich hoher kirchlicher Festtage zu großen Jahrmärkten und Messen entwickelten. Aus den Handwerker- und Kaufmannssiedlungen entstanden allmählich Städte mit einem Stadtrecht sowie Handels- und Zollfreiheiten.

Städte wie Köln, Bonn, Koblenz, Mainz, Worms, Trier, Augsburg, Regensburg, Wien, Zürich und Basel waren aus den Trümmern der ehemaligen römischen Grenzstädte, die die Germanen während der Zeit der Völkerwanderung zerstört hatten, hervorgegangen. Städte wie Fulda, Paderborn, Bremen, Bamberg und Würzburg hatten sich um Klöster, Kirchen und Bischofssitze herum gebildet, während Städte wie Aachen, Frankfurt am Main, Goslar und Braunschweig um kaiserliche Pfalzen und Burgen herum entstanden.

2. Bewohner der Städte

Soziale Gliederung der mittelalterlichen Stadt	
Oberschicht	Die Oberschicht entwickelte sich meist aus Kaufmanns- und stadtherrlichen Ministerialenfamilien, in kleineren Städten ergänzt durch Handwerker. Darunter ist das Patriziat hervorzuheben, unter dem man reiche Kaufleute versteht.
Mittelschicht	Die Mittelschicht wurde meist vom Zunftbürgertum gebildet. Handwerker, die Waren für den täglichen Bedarf wie Lebensmittel und Bekleidung herstellten oder im Baugewerbe arbeiteten, bildeten mit kleineren Kaufleuten und öffentlich Bediensteten eine breite Mittelschicht
Unterschicht	Zur Unterschicht zählten Gesellen, Tagelöhner, verachtete Gewerbe, Arme und Bettler.

3. „Stadtluft macht frei"

„Stadtluft macht frei" ist ein Sprichwort. Es war eigentlich ein Satz, der in vielen deutschen Städten galt und als eine der wichtigsten Regelungen im Stadtrecht den Zuzug Unfreier betraf.

Durch den Handel wurden die Städte reich, während viele Bauern ein armes Leben führten. So versuchten sie mit allen Mitteln, sich in den Städten niederzulassen. Da viele von ihnen noch Leibeigene und Hörige waren, flüchteten sie von den Fronhöfen und aus den Dörfern in die Städte. Wenn sie in einer Stadt im Lauf eines Jahres von ihren adligen Herren nicht entdeckt wurden, wurden sie freie Stadtbürger. Das heißt auch, dass sie persönlich frei wurden, wenn sie seit Jahr und Tag in einer Stadt ohne Widerspruch ihres Herrn gewohnt hatten. Danach konnte sie der Grundherr nicht mehr zurückholen. Diese Zuwanderung vom Lande stärkte die Städte.

4. Die Städtebünde

Es fehlte dem Heiligen Römischen Reich Deutscher Nation eine starke kaiserliche Zentralmacht. Die deutschen Wirstschaftsgebiete waren uneinheitlich und zerstückelt. Die Auseinandersetzungen der Fürsten nahmen kein Ende. Feudale Adlige überfielen die Städte. Räuber und Ritter raubten sie. Hinzu kamen noch innerstädtische Kämpfe und Opposition. Zum Schutz ihrer Handelsinteressen sowie gegen Fürsten und innerstädtische Oppositionen schlossen die Stadträte miteinander Abkommen und weiteten sie zu Städtebünden aus. Der wichtigste dieser Bünde war die Hanse in Norddeutschland. Sie zeigte beispielhaft, dass die wirtschaftliche Zusammenarbeit von Städten auch politische Bedeutung mit sich bringen konnte.

4.1 Ursprung der Hanse und deren Entwicklung

Die Hanse war ursprünglich ein loser Zusammenschluss von Kaufleuten. Seit dem 13. Jahrhundert entwickelte sie sich zu einem machtvollen Bündnis von Handelsstädten, die meist norddeutsch waren. Sie beherrschte den Handel im Ostseeraum und schloss fremde Kaufleute davon aus. Ihre Mittelpunkte waren Lübeck, Hamburg und Köln. Bis zu 150 Städte gehörten dem Bund an. Bedeutende Hansekontore bestanden in Nowgorod, Bergen, London und Brügge.

4.2 Der Seehandel

Der hansische Handel war überwiegend Seehandel, denn nur dann lohnte sich der Transport von Massengütern. Handelsgüter waren vor allem Pelze und Wachs aus Russland und Ost-Europa, Getreide aus Ostdeutschland und Polen, Fisch aus Skandinavien, Salz aus Lüneburg und Frankreich, Wein aus dem Rheinland und Frankreich. Innerhalb des Nord- und Ostseeraumes garantierte die Hanse einen intensiven wirtschaftlichen Austausch. Sie sicherte durch Jahrhunderte den Getreidebedarf Norwegens und Westeuropas, deckte die Nachfrage nach Tuchen, Salz und Fertigwaren in Deutschland, Ost- und Nordeuropa.

4.3 Die Hanskoggen

Die Intensität des hansischen Handels wurde bestimmt durch die Entwicklung eines großräumigen, hochseetüchtigen Schiffstyps, der Kogge. Der bauchige Rumpf der Hanskoggen fasste beträchtliche Gütermengen. Ihre großen Segelflächen und tiefgezogenen Kiele sorgten für hohe Geschwindigkeiten. Entlang der Linie Nowgorod-Reval-Lübeck-Hamburg-Brügge-London verlief die wichtigste Hanseroute.

4.4 Die Gipfelzeit der Hanse

4.4.1 Siege über Dänemark

Die Hanse führte Kriege mit England, Norwegen und Flandern. Sie verwickelte sich auch in die Auseinandersetzung mit Dänemark. 1361 eroberte der dänische König Waldemar IV. Atterdag Gotland und vernichtete die Flotte der Hanse. Danach schlossen sich 1367 viele Hansestädte mit Schweden, Holstein und Mecklenburg gegen Dänemark zusammen und eroberten 1368 Kopenhagen. Den Höhepunkt ihrer Macht erreichte die Hanse 1370 mit dem Frieden von Stralsund, der ihr die wirtschaftliche Vormachtstellung im Ostseeraum sicherte und ihr auch einen bedeutenden politischen Einfluss in Nordeuropa gab.

4.4.2 Kämpfe mit den Piraten

Eine stete Bedrohung für den Hanse-Seehandel stellte die Piraterie dar, besonders die Seeräubergenossenschaft der Vitalienbrüder. Die Vitalienbrüder waren 1387 als Hilfstruppen Königs Albrecht von Schweden im Kampf gegen Königin Margarete I. von Dänemark aufgetretene Freibeuter. Sie versorgten von 1389 bis 1392 das eingeschlossene Stockholm von der See her mit Lebensmitteln (Vitalienbrüder=Lebensmittelbrüder, vitalien= Lebensmittel). Später entwickelten sie sich zu Seeräubern. Ihr Stützpunkt war Gotland, von wo sie 1398 durch den Deutschen Ritterorden vertrieben wurden. Danach verlegten sie ihr Tätigkeitsgebiet in die Nordsee, wo sie besonders die hansische Fahrt nach Flandern und England beeinträchtigten. Ihr bekanntester Führer war Klaus Störtebeker. Unter ihm machten sie Ende des 14. Jahrhunderts die Nord- und Ostsee unsicher. 1401 konnten sie jedoch von einer Flotte der Hanse bei Helgoland besiegt werden. Störtebeker wurde gefangengenommen, nach Hamburg gebracht und 1402 hingerichtet. Störtebeker ist zu einer populären Sagengestalt geworden und wird als volkstümlicher Held dargestellt.

4.5 Der Verfall

Mit dem Aufstieg territorialstaatlicher Macht und den Verlagerungen der Handelswege verlor die Hanse allmählich an Bedeutung. 1494 wurde das Hansekontor von Nowgorod geschlossen. 1598 wurden die Privilegien der Hanse in London aufgehoben. 1604 gab es nur noch 14 Mitglieder. Während des Dreißigjährigen Krieges löste sie sich schließlich auf. Danach wurde die hansische Tradition nur noch von Lübeck, Hamburg und Bremen fortgeführt.

5. Bürgerschulen und Universitäten

Mit dem Aufstieg des Stadtbürgertums wurde das Bildungsmonopol der Geistlichkeit gebrochen. Für die Söhne der Kaufleute und reichen Handwerksmeister wurden Ratsschulen[1] oder Bürgerschulen mit lateinischer Unterrichtssprache eingerichtet. Außerdem benötigten die kleinen Handwerker und Händler Grundkenntnisse und setzten bis 1500 in den Städten auch entsprechende deutschsprachige Lese- und Schreibschulen durch.

Für die Ausbildung von Richtern, Ärzten, Geistlichen und Beamten entstanden seit dem 12. Jahrhundert, zunächst in Italien und Frankreich, Universitäten. Hier studierten vor allem die Söhne der reichen Stadtbewohner und von Adligen.

Entstehungszeit einiger berühmter europäischer Universitäten	
Um 1100	Bologna
12. Jh.	Paris, Oxford
13. Jh.	Cambridge
1348	Prag
1365	Wien
1386	Heidelberg
1388	Köln
1409	Leipzig
1477	Tübingen

---

1. Ratsschulen, Stadtschulen: von den Städten errichtete und unterhaltene Schulen im späteren Mittelalter, im Unterschied zu den unter kirchlicher Gewalt stehenden Dom- und Stiftsschulen. Aus den Ratsschulen sind die städtischen Lateinschulen des 16. Jahrhunderts hervorgegangen. Ratsschulen hatten besonders in den bürgerlichen Handelsstädten wie Nürnberg, Hamburg und Lübeck große Bedeutung.

Folge 8
Das Spätmittelalter – Eine Zeit der Umbrüche

Das Spätmittelalter war eine Zeit der Umbrüche und Krisen. Es gab Naturkatastrophen, Epidemien, gesellschaftliche Erschütterungen, wirtschaftlichen Niedergang und die damit verbundenen sozialen Auseinandersetzungen.

1. Die Pest

1.1 Beschreibung der Krankheit

Die Pest, auch der „Schwarze Tod" genannt, ist eine schwere, akute und bakterielle Infektionskrankheit, die meist von Nagetieren, vorwiegend von Ratten und den auf ihnen schmarotzenden Flöhen auf den Menschen übertragen wird.

Es gibt Beulenpest, Hautpest und Lungenpest. Die Allgemeinerscheinungen der Pest sind hohes Fieber, Schüttelfrost, Kopfschmerzen, Erbrechen, Unruhe, Benommenheit, Herz- und Kreislaufversagen. Die Lungenpest wird durch Tröpfcheninfektion von Mensch zu Mensch übertragen. Ursache fast aller völkerverheerenden Epidemien war die Lungenpest. Bei dieser Form der Pest erreichte die Sterblichkeit meist 100%.

1.2 Behandlung

Zur spezifischen Behandlung werden heute Sulfonamide und besonders Antibiotika gegeben.

1.3 Meldepflicht

Die Pest zählt zu den gemeingefährlichen, schon im Verdachtsfall meldepflichtigen Krankheiten

1.4 Vorbeugung

Durch die akute Pestschutzimpfung und die Bekämpfung von Ratten und Flöhen kann die Pest eingedämmt werden. Rattensichere Speicher werden heute für alle Hafenstädte gefordert. Schiffe werden vor der

Folge 8 Das Spätmittelalter – Eine Zeit der Umbrüche

Entladung durch Ausschwefeln und Ausgasen mit Generatorgas oder Blausäure entrattet. Alle diese Maßnahmen sind kostspielig und behindern den Handel, haben jedoch den Erfolg gebracht, dass es in neuerer Zeit nicht mehr zu einer Einschleppung der Pest über die Häfen gekommen ist.

1.5 Geschichte

Seit dem Altertum war die Pest eine der schwersten und häufigsten Epidemien. Die Pest führte zum Aussterben ganzer Generationen und zur Entvölkerung von Ortschaften und Gegenden. Die erste sichere große Pestpandemie war im 6. Jahrhundert nach Christus. 1347/8-1352 wurde Europa von der schwersten Pestpandemie der Geschichte heimgesucht, was rund 25 Millionen Tote zur Folge hatte. Mit Handelsschiffen nach Venedig und Genua eingeschleppt, verbreitete sie sich rasch über ganz Europa. Im 15., 16., 17. und 18. Jahrhundert folgten in Abständen verschieden heftige Epidemien. Nach einem besonders heftigen Ausbruch 1720/21 in Marseille und in der Provence erlosch die Seuche in Europa.

1.6 Die Pest im 14. Jahrhundert

Die Pest zog im 14. Jahrhundert in mehreren Wellen durch den europäischen Kontinent. Die Pestepidemie 1347-1352 tötete etwa ein Drittel der Europäer.

2. Die gesellschaftlichen Erschütterungen

Die allgemeine Not führte zu tiefsten gesellschaftlichen Erschütterungen. Zum alltäglichen Leben gehörten Aufstände in den Städten. Bäuerliche Erhebungen erschütterten die ländliche Ordnung. Banden von heruntergekommenen Adligen, die von Raubzügen lebten, machten das Land unsicher, Plünderungen durch entlassene Soldaten beunruhigten die Städte.

3. Das Konstanzer Konzil (1414-1418)

Das größte kirchliche Ereignis dieser Zeit war das Konzil von Konstanz. Über drei Jahre lang tagten in der Stadt am Bodensee 29 Kardinäle, rund 300 Bischöfe und Prälaten, 150 Fürsten, unzählige Ritter und Gelehrte unter dem Vorsitz des deutschen Königs Sigismund. Das Konstanzer Konzil beendete das Abendländische Schisma durch Absetzung der Gegenpäpste und verurteilte den böhmischen Reformator Jan Hus als Ketzer.

3.1 Sigismund (auch Siegmund)(1368-1437)

Der letzte Kaiser aus dem Hause Luxemburg war Sohn Kaiser Karls IV. Er wurde ab 1410 König und hatte sich 1433 in Rom von Papst Eugen IV. zum Kaiser krönen lassen.

Sigismund verfolgte das Ziel einer europäischen Koalition gegen die osmanische Bedrohung. Vorbedingung musste die Wiederherstellung der kirchlichen Einheit sein. Deshalb veranlasste er die Einberufung des Konstanzer Konzils. Es gelang ihm, die Kirche vom abendländischen Schisma zu befreien.

Infolge der Verbrennung von Johannes Hus, den Sigismund trotz des anfangs bewilligten Geleits dem Konzil ausgeliefert hatte, verweigerten ihm die Böhmen die Anerkennung. Da die Hussitenkriege, die er zur Eroberung Böhmens führte, unglücklich verliefen, versuchte Sigismund, einen Ausgleich mit den Hussiten herbeizuführen. 1436 wurde er als König von Böhmen anerkannt.

Sigismund war ein bedeutender Herrscher, ein kluger Diplomat. Sein historisches Verdienst besteht in seiner Wirkung als Schützer des Landfriedens und Verteidiger der christlichen Einheit. Seine Regierung kann als letzte Glanzepoche des mittelalterlichen Kaisertums bewertet werden.

3.2 Das Ende des Großen Schismas

Unter dem Schisma versteht man Kirchenspaltung. Das Abendländische Schisma ist die Kirchenspaltung der abendländischen Kirche von 1378-1417. Da gab es gleichzeitig zwei bzw. drei Päpste. Seit 1409 gab es drei Päpste, die sich bekämpften.

König Sigismund war es gelungen, Johannes XXIII., den Pisaner Gegenpapst zu den in Rom bzw. in Avignon amtierenden Päpsten Gregor XII. und Benedikt XIII., zur Reise nach Konstanz zu bewegen, während seine beiden Konkurrenten nur durch Gesandte vertreten waren. Die drei Päpste wurden abgesetzt und Martin V. wurde als neues Oberhaupt der Kirche gewählt, das allseits Anerkennung fand.

Folge 8   Das Spätmittelalter – Eine Zeit der Umbrüche

3.3 Todesurteil gegen den böhmischen Reformator Jan Hus
3.3.1 Jan Hus (um 1370-6.7.1415)

Der Reformator aus Böhmen war ein Bauernsohn und wurde 1400 Priester. Er war auch Professor und Rektor der Universität Prag. Er predigte gegen den Verfall der Sitten, bekämpfte die zunehmende Verweltlichung der Kirche und trat für die Reform der Kirche ein.

3.3.2 Todesurteil gegen Jan Hus und dessen Vollstreckung

Im Kampf mit der Kirche wurde Hus 1411 vom Papst exkommuniziert. Durch König Sigismund ließ er sich bewegen, sich vor dem Konzil von Konstanz zu verteidigen, weil dieser ihm freies Geleit zugesichert hatte. Er wurde jedoch hier 1414 verhaftet, als Ketzer aus dem geistlichen Stand ausgestoßen und am 6. Juli 1415 auf dem Scheiterhaufen verbrannt. Seine Asche wurde sogar von Henkersgehilfen in den Rhein geschaufelt. Hus war im Verhör und bei der Hinrichtung standhaft geblieben. Er wurde zum Märtyrer und Nationalhelden der Tschechen.

Das tragische Schicksal von Hus löste die Hussitenbewegung und die 16-jährigen Hussitenkriege (1420-1436) aus.

4. Kunst und Wissenschaft des 15. Jahrhunderts
4.1 Johannes Gutenberg (um 1397-1468)

Johannes Gutenberg war ein Mainzer Patriziersohn. Er erfand um 1440 den Buchdruck mit beweglichen Lettern. Der Buchdruck verbesserte die Qualität des Druckes und dessen Wirkung und hatte besondere Bedeutung für die kulturelle Entwicklung, für Bildungswesen, Literatur und die Verbreitung der revolutionären Auffassungen. Luthers Schriften wurden beispielsweise nur 70 Jahre nach Gutenberg innerhalb eines Jahres in einer Auflage von einer halben Million Exemplaren verbreitet. Gutenbergs Erfindung brauchte erst im 19. Jahrhundert weiterentwickelt zu werden.

4.2 Peter Henlein (1480-1542)

Der Mechaniker stellte um 1510 in Nürnberg die erste tragbare Taschenuhr in Dosenform her, was zur Verbesserung der Organisation von Arbeitsprozessen führte.

4.3 Nikolaus Kopernikus (1473-1543)

Der Astronom und Begründer des heliozentrischen Weltbildes stellte fest, dass nicht die Erde, sondern die Sonne im Mittelpunkt unseres Planetensystems steht. 1543 veröffentlichte er kurz vor seinem Tod in Nürnberg das berühmte Buch „Über die Kreisbewegungen der Weltkörper". Die Lehre des Kopernikus hat eine große Wirkung auf den menschlichen Geist hervorgebracht.

4.4 Albrecht Dürer (1471-1528)

Als Maler, Zeichner und Kupferstecher gehört Dürer zu den größten deutschen Künstlern. Dürer kam aus Nürnberg. Er reiste 1494/95 und 1505/06 nach Italien, 1520/21 in die Niederlande und stand seit 1512 im Dienst Kaiser Maximilians I. Anders als die meisten Maler des Mittelalters signierte er seine Werke mit den deutlich sichtbaren Initialen „ AD ". In seinem Werk verschmilzt die mittelalterlich-deutsche Tradition mit den Anregungen der italienischen Renaissance. Bekannte Werke:

Gemälde: Selbstbildnisse / Die 4 Apostel

Kupferstiche: Ritter, Tod und Teufel / Melancholie

Holzschnitte: Apokalypse / Kleine und Große Passion

4.5 Adam Riese (1492-1559)

Er galt als der Rechenlehrer der Deutschen. Die Bücher des Rechenmeisters wurden bis ins 17. Jahrhundert hinein unzählige Male neu aufgelegt. Sein Name ist noch heute sprichwörtlich: „Zwei und zwei sind nach Adam Riese eben noch immer vier"; oder: „Das macht nach Adam Riese 29 Euro." Die Fügung „nach Adam Riese" klingt umgangssprachlich und scherzhaft und bedeutet „richtig gerechnet".

4.6 Hans Sachs (1494-1576)

Der dichtende und singende Schuhmacher war auch ein Nürnberger. Er dichtete vor allem Meisterlieder, Spruchgedichte, gereimte Schwänke, Fabeln und Fastnachtsspiele. Seine populären Komödien erreichten ein großes Publikum. Vor allem die Mittelschicht der Städte fühlte sich von seinem Lob auf die bürgerlichen Tugenden, auf Ordnung, religiöse Lebensführung angezogen.

Folge 9
Der Übergang vom Mittelalter zur Neuzeit

1. Maximilian I. (1459-1519) als der „letzte Ritter"

Maximilian I. kam aus dem Hause Habsburg. Seit 1486 war er römischer König und seit 1508 römischer Kaiser. Weil seine Regierungszeit genau an der Schwelle vom Mittelalter zur Neuzeit stand, wurde er der „letzte Ritter" genannt. Geschichte machte er durch seine Heiratspolitik. 1495 verkündete er den Ewigen Landfrieden und setzte das Reichskammergericht ein.

1.1 Maximilians I. Heiratspolitik

Maximilian I. war bekannt durch seine kluge, weitsichtige Heiratspolitik. Mit dieser Politik legte er den Grundstein für das habsburgische Weltreich. Er selbst heiratete 1477 Maria von Burgund und gewann dadurch die Niederlande. Nach deren Tod war er mit der reichen Mailänderin Bianca Maria Sforza verheiratet. Durch Heiratspolitik gewann er für die Habsburger 1506/16 die spanische Krone und 1515 die Anwartschaft auf Böhmen und Ungarn, indem er seinen Sohn Philipp den Schönen mit Johanna von Kastilien und Aragon (Spanien), und seinen Enkel Ferdinande mit der ungarischen Prinzessin Anna verkuppelte.

1.2 Die Fugger und die Welser als Maximilians finanzielle Unterstützer

Die weit ausgreifende Politik Maximilians war äußerst kostspielig. Er selbst konnte das dafür notwendige Geld nicht aufbringen. Zwei Bankiers- und Kaufmannsfamilien aus Augsburg, die Fugger und die Welser, boten der kaiserlichen Sache ihre finanzielle Unterstützung an. Sie liehen den Habsburgern gigantische Summen und erhielten dafür Privilegien und königlichen Schutz.

2. Karl V. (1500-1558)

Maximilians I. Nachfolger wurde sein Enkel Karl V., auch ein Habsburger. Karl V. war ein Spanier und kein Deutscher. Er war seit 1516 König von Spanien und Herr der Niederlande und wurde 1519 zum Römischen König gewählt, 1530 zum Kaiser gekrönt. Er lehnte Luthers Ideen ab und blieb streng katholisch. Er besiegte die protestantischen Fürsten des Schmalkaldischen Bunds, musste aber vor dem Aufstand des Kurfürsten Moritz von Sachsen weichen und dankte 1556 ab.

2.1 Der Kampf Karls V. gegen den französischen König

Franz I. von Frankreich (1494-1547) wollte ebenfalls mit aller Macht Kaiser werden und bestach deshalb die Kurfürsten. Die Fugger und die Welser leisteten noch einmal finanzielle Unterstützung und verhalfen Karl V. zur Krone des Heiligen Römischen Reiches Deutscher Nation. Für ihn sprachen 543000 Gulden aus den Taschen des reichen Kaufmanns Jakob Fugger. Auf jeden der sieben Kurfürsten entfiel eine eindrucksvolle Summe – der schwierige Mainz Erzbischof erhielt allein 103 000 Gulden. Am 28. Juni 1519 wurde Karl zum König gewählt.

Karl V. führte viele Kriege gegen den französischen König, vor allem wegen Italien. Manchmal kämpften die protestantischen Fürsten in Deutschland zusammen mit Frankreich gegen ihn. In 4 Kriegen zwang er Frankreich zum Verzicht auf Mailand und die Vorherrschaft in Italien.

2.2 „Das Reich, in dem die Sonne nicht unterging"

Karl V. herrschte über das heutige Lateinamerika mit Ausnahme Brasiliens, über Spanien, die Habsburgischen Gebiete in Mittel- und Osteuropa und war deutscher Kaiser. Kolumbus hatte von Spanien aus Amerika entdeckt. So wurde nach der Entdeckung Amerikas Karl V. auch zum Herrn über die riesigen Kolonien der „Neuen Welt". So sagte man, dass in seinem Reich die Sonne nicht unterging.

3. Martin Luther und die Reformation

3.1 Martin Luther (1483-1546)

Als Sohn eines Bergmanns besuchte Martin Luther ab 1501 die Universität Erfurt und trat 1505 ins dortige Augustinerkloster ein. Er wurde 1507 Priester, 1508 Professor der Philosophie in Wittenberg und 1512

Doktor und Professor der Theologie.

3.2 Der Ablasshandel

Zu Martin Luthers Zeit reisten „Ablassprediger" durch Deutschland. Sie forderten die Gläubigen auf, Geld für den Bau der Peterskirche in Rom zu zahlen und sich dadurch einen „Ablass" ihrer Sündenstrafen zu „kaufen". Durch diese und ähnliche Missbräuche entstand der Eindruck, der Mensch könne allein durch äußerliche „gute Werke" seine Seele retten.

3.3 Beginn der Reformation

Am 31. Oktober 1517 schlug Martin Luther seine *95 Thesen*, die den Missbrauch des Ablasses kritisierten, an das Tor der Wittenberger Schlosskirche an. Schnell waren sie in ganz Deutschland verbreitet. Damit begann die Reformation, der Anfang der deutschen frühbürgerlichen Revolution.

3.4 Entwicklung der Reformation

Gefördert wurde die Reformation durch verschiedene Reichsfürsten und das Stadtbürgertum. Geistige Unterstützung erhielt sie durch die Humanisten. Das ganze soziale Gefüge geriet in Bewegung. Antirömisch-nationale und sozialrevolutionäre Kräfte verbanden auch ihre Anliegen mit der Reformation. 1522/23 kam es zum Aufstand der Reichsritter (Ritterreformation) und 1525 zum Bauernkrieg, der ersten größeren revolutionären Bewegung der deutschen Geschichte, auch als Volksreformation definiert. Beide Erhebungen scheiterten. Nach 1525 wurde die Reformation nur Sache der Landesfürsten (Fürstenreformation). Die evangelische Landeskirchen entstanden.

3.5 Luthers Lehre und wichtige Schriften

Martin Luther kam durch das Studium der Bibel, besonders des Römerbriefes, zu der Auffasssung: Der Mensch kann nicht durch gute Werke, sondern allein durch den Glauben die Gnade Gottes erlangen. Der Weg zu Gott ist ein persönlicher und der Gläubige bedarf der Vermittlung der Kirche nicht. Die unmittelbare Glaubensbeziehung zwischen Gott und Mensch macht jede priesterliche Mittlerschaft unnötig. Er betrachtet die Bibel als alleinige Glaubensgrundlage. Zu Luthers wichtigen Reformationsschriften zählen die *95 Thesen* (1517), „An den christlichen Adel deutscher Nation" (1520), „Von der Babylonischen Gefangenschaft der

Kirche" (1520), „Von der Freiheit eines Christenmenschen" (1520).

3.6 Der Reichstag von Worms 1521

Die katholische Kirche war über Luthers Auffassungen empört. 1519 sprach der Papst den Bann aus. Für die Kirche war Luther schon ein Ketzer. Im April 1521 verteidigte sich Luther vor dem Reichstag in Worms. Er lehnte ab, seine Kritik zu widerrufen. Das hatte zur Folge, dass Kaiser Karl V. über ihn und seine Anhänger die Reichsacht verhängte, derzufolge jedermann sie gefangennehmen oder töten konnte. Luther geriet damit in große Gefahr. Doch anders als Jan Hus in Konstanz kam Luther in Worms mit dem Leben davon, denn er hatte unter den Fürsten einflussreiche Freunde. Es gelang ihm die Flucht auf die Wartburg, die Kurfürst Friedrich dem Weisen von Sachsen gehörte.

3.7 Friedrich III., der Weise (1463-1525)

Friedrich der Weise bemühte sich um die Reichsreform, lehnte 1519 die Kaiserkrone ab und setzte sich für die Wahl Karls V. ein. Er gründete 1502 die Universität Wittenberg, gewährte Luther Schutz, verweigerte seine Auslieferung nach Rom, erwirkte 1521 freies Geleit für ihn nach Worms und verbarg ihn auf der Wartburg, ohne sich öffentlich zu diesem zu bekennen. Seine Toleranz förderte die Ausbreitung der Reformation.

3.8 Luthers Übersetzung der Bibel

Verkleidet als „Junker Jörg" lebte Martin Luther zehn Monate lang auf der Wartburg und übersetzte einen Teil der Bibel, das Neue Testament ins Deutsche. Die Übersetzung der übrigen Teile der Bibel wurde 1534 mit Hilfe anderer Wittenberger Professoren vollendet. Damit förderte er entscheidend die Entwicklung der deutschen Sprache. Die Lutherbibel hatte für die Durchsetzung der neuhochdeutschen Schriftsprache große Bedeutung. Sie war das meistgelesene Buch in Deutschland und in einer von allen Bevölkerungsschichten verständlichen Sprache geschrieben. Sie galt als Sprachvorbild.

3.9 Die Familie Luther

Zu den Punkten, die Luther an den Lebensformen der Kirche kritisierte, gehörte auch der Zölibat. In mehreren Schriften hatte sich Luther gegen die Ehelosigkeit und die falsche Keuschheit der Ordensleute gewandt und

Mönchen zur Ehe geraten. Er selbst heiratete am 13. Juni 1525 die ehemalige Nonne Katharina von Bora, der er zur Flucht aus dem Zisterzienserinnen-Kloster[1] Nimbschen bei Grimma verholfen hatte. Aus der Ehe zwischen Martin Luther und Katharina von Bora gingen sechs Kinder hervor.

3.10 Ausbreitung der Reformation

In den Jahren 1520 bis 1530 nahmen fast alle norddeutschen Fürsten und mit ihnen ihre Untertanen die neue Lehre an, die sich bald auch in Skandinavien verbreitete. Ulrich Zwingli (1484-1531), Johannes Calvin (1509-1564) und der englische König Heinrich VIII. (1491-1547) führten wenig später, angeregt durch Martin Luther, die Reformation auch in der Schweiz und in Westeuropa durch. Während in Mittel- und Nordeuropa sich das Luthertum durchsetzte, herrschten in Westeuropa die Auffassungen des schweizerisch-französischen Reformators Johannes Calvin vor. Dieser lehrte, dass Gott die von ihm bevorzugten Gläubigen durch besondere Geschäftserfolge auszeichne. Heute sind mehr als 50 Prozent aller Deutschen und Schweizer „Protestanten". Die Anhänger der neuen Kirche wurden wegen ihres Einspruchs gegen das Verbot kirchlicher Neuerungen seit 1529 Protestanten genannt.

4. Die Bedeutung der Reformation

Die Reformation Luthers war ein entscheidendes Ereignis der deutschen Geschichte.

Die Spaltung des Reiches in ein protestantisches und ein katholisches Lager hat die Geschichte Deutschlands bis in das 19. Jahrhundert und darüber hinaus entscheidend beeinflusst. Es gab viele Religionskriege. Der wichtigste dieser Kriege war der Dreißigjährige Krieg von 1618-1648.

Luthers Übersetzung der Bibel ins Deutsche war ein entscheidender Schritt bei der Bildung der neuhochdeutschen Sprache. Die deutsche Literatur ist bis zur Klassik und Romantik hin ungleich mehr von den Protestanten als von den Katholiken beeinflusst worden.

Auch durch die Reformation wurde die Bildung eines deutschen

---

1. 1098 gegründeter benediktinischer Reformorden, der mit Betonung von Innerlichkeit und Einfachheit im 13/14. Jahrhundert seine Blütezeit erlebte.

Nationalstaates verzögert. Die Reformation trug erheblich dazu bei, dass die politische Entwicklung gestört wurde. Deutschland wurde ein uneinheitliches, unfertiges Land. Die kleindeutsch-protestantische Geschichtsschreibung des 19. Jahrhunderts sah sogar in der lutherischen Reformation die Wurzeln eines deutschen Nationalbewusstseins, was natürlich fragwürdig ist.

Folge 10
Der Dreißigjährige Krieg

Der Dreißigjährige Krieg von 1618-1648 war sowohl ein Religionskrieg als auch ein Konflikt um Gleichgewicht zwischen den Mächten Europas.

1. Vorgeschichte und Ursachen
1.1 Konfessionelle Gegensätze
1.1.1 Augsburger Religionsfrieden 1555

Die Reformation hatte die Spaltung der Konfessionen zur Folge. Hauptnutznießer der Reformation waren die Landesfürsten. Nach wechselvollen Kämpfen erhielten sie im Augsburger Religionsfrieden 1555 das Recht, die Religion ihrer Untertanen zu bestimmen. Die protestantische Konfession wurde als gleichberechtigt mit der katholischen anerkannt. Zur Zeit des Augsburger Religionsfriedens war Deutschland zu vier Fünfteln protestantisch.

1.1.2 Die Gegenreformation

Die Ausbreitung der Reformation zwang die katholische Kirche, nach einem Weg aus der Krise zu suchen. Auf dem Konzil von Trient (ital. Trento) von 1545 bis 1563/65 wurden Korrekturen der gröbsten Missstände innerhalb der katholischen Kirche beschlossen. Verschiedene Erneuerungsmaßnahmen wurden ergriffen. Papst, Kaiser und katholische Fürsten begannen die Gegenreformation, deren eigentlicher Träger der 1540 gegründete Jesuitenorden war. Durch die Gegenreformation erstarkte die katholische Kirche wieder und konnte viele Gebiete zurückgewinnen. Die Bereitschaft zum Kompromiss schwand zunehmend.

1.1.3 Die Bildung der protestantischen Union und der katholischen Liga

Die konfessionellen Gegensätze verschärften sich. Es kam zur Bildung von Religionsparteien. 1608 wurde die protestantische Union unter Führung des pfälzischen Kurfürsten Friedrich V., und 1609 die katholische Liga unter Führung des Kurfürsten Maximilian I. von Bayern gegründet.

1.2 Politische Gegensätze

Die zwei europäischen Mächtegruppen, die Spanisch-habsburgische Staaten-Gruppierung und die Antihabsburgische Staaten-Gruppierung, kämpften um die Vorherrschaft in Europa. Seit Beginn des 16. Jahrhunderts versuchte Frankreich, sich aus der Umklammerung durch die habsburgischen Territorien zu lösen. Der habsburgisch-französische Konflikt um die Hegemonie überlagerte bis zum 18. Jahrhundert alle anderen Auseinandersetzungen in Europa. Beiden Seiten suchten sich dabei ihre Verbündeten auch jenseits konfessioneller Grenzen. So unterstützte das katholische Frankreich die protestantischen Niederlande, die seit 1568 einen Unabhängigkeitskrieg gegen die spanische Linie der Habsburger führten.

2. Auslöser des Krieges – Prager Fenstersturz

Der katholische Kaiser Rudolf II. war zugleich böhmischer König. Er hatte 1609 den böhmischen Ständen, die protestantisch waren, in einem „Majestätsbrief" Religionsfreiheit zugesichert. Dieses Versprechen brach jedoch sein Bruder und Nachfolger, Kaiser Matthias. Die böhmischen Stände waren empört darüber. Ihre Vertreter zogen am 23. Mai 1618 zur Prager Burg und warfen dem tschechischen Brauch nach die kaiserlichen Statthalter Martinitz und Wilhelm Slavata sowie einen Sekretär aus dem Fenster der Böhmischen Kanzlei in der Prager Burg in den Burggraben. Die Statthalter überlebten den Fenstersturz, was die protestantische Publizistik später einem Misthaufen im Burggraben, die katholische Seite dagegen dem Schutz der Mutter Gottes zuschrieb. Der Prager Fenstersturz 1618 gilt als der direkte Anlass für den Dreißigjährigen Krieg.

3. Der Kriegsverlauf

Der Krieg verlief in 4 Phasen.

3.1 Böhmisch-Pfälzischer Krieg (1618-1623)

Kaiser Matthias starb 1619. Matthias' Nachfolger war Ferdinand II. Die protestantischen Stände Böhmens verweigerten seine Wahl. Sie wählten anstelle Kaiser Ferdinands II. den Kurfürsten Friedrich V. von der Pfalz zum

Folge 10 Der Dreißigjährige Krieg

neuen König. Kaiser Ferdinand II. rief die katholische Liga zu Hilfe. Ihr Heer fiel in Böhmen ein und siegte 1620 unter dem Oberkommandierenden Tilly (1559-1632) am Weißen Berge bei Prag und eroberte dann auch die Rheinpfalz. 1623 war dieser Böhmisch-Pfälzische Krieg beendet. Die pfälzische Kurwürde fiel an Bayern. Über Böhmen erging ein schweres Strafgericht mit zahlreichen Hinrichtungen, Enteignungen und Vertreibungen. 150 000 Böhmen verließen ihre Heimat. Danach unterwarf die katholische Kirche verschärft Böhmen ihrem Einfluss. Die habsburgische Herrschaft festigte sich. Erst 1918 konnte sie abgeschüttelt werden.

3.2 Dänisch-Niedersächsischer Krieg (1623/4-1629)

Um eine weitere Ausbreitung der spanisch-habsburgischen Macht zu verhindern, verbündeten sich die Niederlande, England, Dänemark und einige nordwestdeutsche Fürsten. Der Dänenkönig Christian IV. griff ein, traf jedoch auf überlegene Gegner. Er wurde 1626 von Tilly bei Lutter am Barenberge geschlagen und schloss 1629 Frieden. General Wallenstein (1583-1634) stellte mit eigenen Mitteln ein Heer von 40 000 Mann auf und war in kaiserliche Dienste getreten. Mit genialer Taktik führte er das Heer von Sieg zu Sieg und organisierte die Versorgung nach dem Plünderungsgrundsatz: „Der Krieg ernährt den Krieg." Er eroberte Mecklenburg und erzielte viele Erfolge. Bis 1629 war fast ganz Norddeutschland in katholischer Hand und der Dänisch-Niedersächsische Krieg abgeschlossen. Nun beherrschte der Kaiser weite Gebiete Deutschlands. Diesen Machtzuwachs wollten weder die prostestantischen noch die katholischen Fürsten hinnehmen. 1630 nötigten sie Kaiser Ferdinand, den mächtigen Wallenstein zu entlassen und das kaiserliche Heer erheblich zu verkleinern.

3.3 Schwedischer Krieg (1630-1635)

1630 landeten schwedische Truppen auf Usedom. Der Schwedenkönig Gustav Adolf II., dessen Kriegsname „der Löwe aus Mitternacht" war, kam den deutschen Protestanten zu Hilfe. Es ging ihm andererseits auch um die Vorherrschaft im Ostseeraum. Er schlug Tilly 1631 in der Schlacht bei Breitenfeld vernichtend und drang bis nach Bayern vor. Der schwedische Eroberungszug veranlasste den Kaiser, 1632 erneut Wallenstein zu berufen. Wallenstein besiegte die Sachsen und stoppte die Schweden. Im selben Jahr kam es zur Schlacht bei Lützen. Obwohl die Schweden das Schlachtfeld gegen Wallenstein behaupten konnten, fiel ihr König in der Schlacht. Der Schwedische Schwung wurde entscheidend gebremst. Und Wallenstein fand auch ein tragisches Ende. Weil er geheime Verhandlungen mit Frankreich, Schweden, Sachsen und Brandenburg anknüpfte, wurde er 1634 abgesetzt und auf kaiserlichen Befehl in Eger ermordet. Damit verloren beide Seiten ihre charismatischen Führer. 1635 schlossen Brandenburg und Sachsen mit dem Kaiser den Prager Frieden, in dem Ferdinand II. auf das Restitutionsedikt von 1629 verzichtete.

3.4 Der Französisch-Schwedische Krieg(1635-1648)

1635 griff das katholische Frankreich unter Richelieu[1] aus politischem Gegensatz zu den Habsburgern auf schwedischer Seite offen und unmittelbar in den Krieg ein. Schweden und Franzosen drangen mehrmals nach Bayern und Böhmen vor. Doch keine der kriegführenden Parteien vermochte den Kampf in den Jahren bis 1645 militärisch endgültig zu gewinnen. Diese längste und letzte Phase wurde zum Trauma, das die deutsche Geschichte für Jahrhunderte prägen sollte. Die oft führerlos plündernden Landsknechtshaufen schlugen sich um die schäbigen Reste in den Vorratskammern der Bauern und versuchten mit bestialischen Foltermethoden wie Schwedentrunk[2], Hinweise auf versteckte Habseligkeit aus den armen Menschen herauszupressen.

4. Beendigung des Kriegs durch den Westfälischen Frieden 1648

1645 begannen in den westfälischen Städten Münster und Osnabrück Verhandlungen. 1648 wurde Westfälischer Frieden in Münster zwischen Kaiser und Frankreich, in Osnabrück zwischen Kaiserund Schweden geschlossen. Der Dreißigjährige Krieg wurde damit beendet und es ging dabei im wesentlichen um drei Fragen.

4.1 Die konfessionelle Frage

In Anlehnung an den Augsburger Religionsfrieden von 1555 blieb das

---

1. Herzog von Richelieu (1585-1642), französicher Staatsmann. Er setzte den königlichen Absolutismus gegen den Adel durch, besiegte die Hugenotten und griff im Dreißigjährigen Krieg gegen Habsburg ein. Er wurde als Begründer französischer Vormachtsstellung bewertet.
2. Der Schwedentrunk ist die Art der Folterung, bei der den Gefolterten kochende Jauche gewaltsam eingeflößt wird. Diese Art der Folterung wurde im Dreißigjährigen Krieg zuerst von den Schweden praktiziert.

Recht der Fürsten bestehen, die Religion ihrer Untertanen nach dem Grundsatz Cuius regio, eius religio[1] zu bestimmen.

4.2 Die Verfassungsfrage

Die Versuche zur Errichtung einer Universalmonarchie im Heiligen Römischen Reich Deutscher Nation durch den Kaiser waren endgültig gescheitert, die deutschen Fürsten und die anderen Reichsstände erhielten eine innere Souveränität für ihre Territorien.

4.3 Die wesentlichen territorialen Veränderungen

Die Schweiz und die Niederlande schieden aus dem Reichsverband aus und wurden endgültig als unabhängig vom Heiligen Römischen Reich anerkannt. Frankreich erhielt die habsburgischen Besitzungen im Elsass; der Besitz von Metz, Toul und Verdun wurde bestätigt. Schweden ließ sich 5 Millionen Taler bezahlen und erhielt darüber hinaus Vorpommern mit der Odermündung und Stettin, die Inseln Rügen, Usedom und Wollin, Wismar, das Erzbistum Bremen und das Bistum Verden. Brandenburg erhielt Hinterpommern, die Bistümer Halberstadt und Minden und die Anwartschaft auf das Erzbistum Magdeburg.

5. Die Folgen des Krieges

5.1 Die Gleichberechtigung der Bekenntnisse wurde aufrechterhalten. In Anlehnung an den Augsburger Religionsfrieden von 1555 blieb das Recht der Fürsten bestehen, die Religion ihrer Untertanen zu bestimmen.

5.2 Die Pläne der Spanisch-habsburgischen Gruppierung nach Ausbau der europäischen Vorherrschaft waren gescheitert. Bestimmende Macht wurde nun Frankreich.

5.3 Die Hauptgewinner in Deutschland waren die Fürsten. Ihnen wurde die volle Selbständigkeit in ihren Territorien garantiert. Einige Fürsten erzielten einen beträchtlichen Gebietszuwachs.

5.4 Das Opfer war das Reich. Die kaiserliche Zentralgewalt war zu weiterer Ohnmacht verurteilt, die Zersplitterung Deutschlands in etwa 350 Fürstentümer und weit über 1000 kleinste Herrschaften, Reichsdörfer und

---

1. Lateinisch, bedeutet „wessen das Land, dessen die Religion", im Augsburger Religionsfrieden von 1555 vereinbarter Grundsatz, wonach die Landesherren die Religionszugehörigkeit ihrer Untertanen bestimmten.

Reichsstädte besiegelt.

5.5 Das Opfer war das Volk. Der Dreißigjährige Krieg war die größte Katastrophe in der bisherigen Geschichte des deutschen Volkes. Es wurde in seiner Entwicklung weit zurückgeworfen. Die Bevölkerung ging um etwa ein Drittel zurück. Deutschland war verwüstet, verödet, verarmt, im Innern zerrissen und ohnmächtig nach außen.

Folge 11
Brandenburg-Preußens Aufstieg

1. Preußen, Brandenburg und die Hohenzollern
1.1 Preußen

Preußen war ursprünglich ein Herzogtum, das aus dem Staat des Deutschen Ordens hervorging. 1226 ersuchte der polnische Herzog Konrad von Masowien den Deutschen Orden um Hilfe gegen die heidnischen Pruzzen, deren Unterwerfung und Bekehrung 1230 begann und erst nach 1280 vollendet wurde. Unter dem vierten Hochmeister Hermann von Salza (1209-1239), dem Freund Kaiser Friedrichs II., bildete sich der preußische Ordensstaat aus und unterstand dem Namen nach dem Heiligen Römischen Reich der Deutschen Nation. Im 14. Jahrhundert wurde er zu einem der wirtschaftlich und kulturell blühendsten Staaten Europas. Am 15. Juli 1410 erlitt der Orden die schwerste Niederlage bei Tannenberg. Seitdem war dessen innerer Niedergang nicht mehr aufzuhalten. Im 2. Thorner Frieden von 1466 musste er alle westpreußischen Gebiete dem König von Polen überlassen und dessen Oberhoheit für den Rest des preußischen Ordenslandes (Ostpreußen) anerkennen. Vergebens bemühten sich die letzten Hochmeister, Herzog von Friedrich von Sachsen-Meissen und Markgraf Albrecht von Brandenburg, um Reichshilfe gegen Polen. Der Markgraf Albrecht von Brandenburg-Ansbach (1490-1568) stammte aus der fränkischen Linie der Hohenzollern. Er war Sohn des Markgrafen Friedrich von Brandenburg-Ansbach und wurde 1511 zum Hochmeister des Deutschen Ordens gewählt. Er führte Luthers Reformation ein und verwandelte 1525 das preußische Ordensland in ein erbliches Herzogtum, für das er die polnische Lehnshoheit anerkannte. 1544 gründete er die Universität Königsberg.

1.2 Brandenburg

Brandenburg stellt heute ein Land im Norden Deutschlands dar, dessen Hauptstadt Potsdam ist.

Brandenburg war ursprünglich Slawenland. Nach der Völkerwanderung wurde es von Slawen besiedelt. Die Askanier rangen es den Slawen ab. Der Askanier Albrecht der Bär erschloss das Land und nannte sich seit 1157 Markgraf von Brandenburg. Im 13. Jahrhundert stiegen die Markgrafen in den Kreis der Kurfürsten auf. 1323 kam die Mark Brandenburg an die Wittelsbacher, 1373 an die Luxemburger und 1411/17 an die Hohenzollern. 1539 wurde die Reformation eingeführt. 1618 erwarb Brandenburg das Herzogtum Preußen als polnische Lehen.

1945 wurde das Land Brandenburg um die Gebiete östlich der Oder verkleinert. 1952 wurde es in die DDR-Bezirke Potsdam, Frankfurt und Cottbus geteilt und 1990 wieder errichtet. 1996 scheiterte eine Zusammenlegung mit Berlin in einer Volksabstimmung.

1.3 Die Hohenzollern

Die Mark Brandenburg und der preußsische Ordensstaat bestanden viele Jahrhunderte lang unabhängig voneinander und entwickelten sich parallel. Es waren die Hohenzollern, durch die Brandenburg und Preußen verbunden wurden.

Die Hohenzollern waren ein deutsches Fürstengeschlecht. Später erlangten sie in der deutschen Geschichte eine besondere Bedeutung. 1701 erlangten sie die Würde der preußischen Könige und in der Zeit von 1871 bis 1918 die der deutschen Kaiser.

Die Hohenzollern wurden erstmals im Jahre 1061 erwähnt. Ihre Stammburg lag in Schwaben. 1214 wurden sie in eine fränkische und eine schwäbische Linie geteilt. Für uns ist die fränkische Linie von großer Bedeutung. Die Hohenzollern der fränkischen Linie wurden 1363 Reichsfürsten. 1411/17 wurde Friedrich von Hohenzollern mit der Markgrafschaft Brandenburg belehnt und als Kurfürst eingesetzt. In der Folgezeit setzten sich die Hohenzollern gegen die einflussreichen brandenburgischen Junkerfamilien durch und zwangen 1442 auch die Städte Berlin und Kölln unter ihre Herrschaft. Weitere, meist geographisch zusammenhanglose Gebiete brachten die Markgrafen von Brandenburg in ihren Besitz.

Die entscheidende Wende brachte das Jahr 1618. In diesem Jahr starb der letzte Herzog von Preußen Albrecht Friedrich (1553-1618). Der einzige Sohn von Albrecht war geistig krank und hatte keinen männlichen Nachfolger. Die Haupterbin wurde seine Tochter Anna, deren Mann Johann Sigismund (1572-1619) seit 1608 Kurfürst von Brandenburg war. Das heisst, der Schwager des letzten Herzogs von Preußen erwarb durch seine Ehe mit Anna Erbansprüche. Die Enkelin von Albrecht brachte ihrem Mann 1618 das Herzogtum Preußen ein, obwohl es immer noch polnisches Lehen blieb und außerhalb der Grenzen des Heiligen Römisches Reich der Deutschen Nation lag. Und der Enkel von Johann Sigismund und Anna, Friedrich Wilhelm, der Große Kurfürst (1640-1688), legte schließlich den Grundstein für den brandenburgisch-preußischen Staat.

2. Die wichtigsten Herrscher der Hohenzollern bis zum 19. Jahrhundert

2.1 Friedrich Wilhelm (1620-1688), der Große Kurfürst

Geprägt von Jugenderfahrungen aus dem Dreißigjährigen Krieg versuchte Friedrich Wilhelm, selbst im Calvinismus erzogen, aus seinen vom Niederrhein bis nach Masuren verstreuten Ländereien einen calvinistischen Modellstaat zu machen. Mit seiner Herrschaft begann der Aufstieg Brandenburg-Preußens.

2.1.1 Innenpolitik

Unter der Herrschaft wurde ein kleines stehendes Heer aufgebaut und eine einheitliche Steuerverwaltung eingerichtet. Im Jahre 1675 siegte der Große Kurfürst über die Schweden bei Fehrbellin.

2.1.2 Außenpolitik

Friedrich Wilhelm verfolgte eine geschickte und riskante Schaukelpolitik nach außen. Obwohl der Kurfürst das Herzogtum Preußen in Personalunion regierte, war es allerdings unter polnischer Oberlehnsherrschaft. Der Kurfürst wertete seine dortige Position zunächst als Bundesgenosse Schwedens im Ersten Nordischen Krieg (1655-1660) auf, schloss sich nach Zugeständnissen aber in raschem Schwenk dem bisherigen Gegner Polen an und erreichte im Frieden von Oliva (1660) die volle Souveränität über Preußen.

2.1.3 Kluge Einwanderungspolitik

Brandenburg war ein armes Land und wurde von den andern deutschen Fürsten spöttisch als „Streusandbüchse" bezeichnet, weil es dort keinen fruchtbaren Ackerboden gab. Am 18. Oktober 1685 hob König Ludwig XIV., der Sonnenkönig von Frankreich, das Edikt von Nantes auf, das den Hugenotten, den französischen Protestanten, die Glaubensfreiheit zugesichert hatte. Die Hugenotten wurden vor die Wahl gestellt, entweder sich zum katholischen Glauben zu bekehren oder Frankreich zu verlassen. Trotz seines Bündnisses mit Frankreich verkündete der Große Kurfürst umgehend das Edikt von Potsdam, das die Flüchtlinge zur Ansiedlung einlud. Auf diese Weise flohen viele gut ausgebildete, fleißige Handwerker nach Brandenburg. Die französischen Hugenotten nahmen entscheidenden Anteil am Aufstieg des Brandenburg-Preußens.

2.1.4 Ostpolitik

Frankreichs Kultur und Politik waren dem Großen Kurfürsten Vorbild. Er bemühte sich um die Schaffung einer absolutistischen Staatseinheit und einen durch See- und Kolonialpolitik gestützten Merkantilismus. Friedrich Wilhelm war eine ehrgeizige Persönlichkeit. Als in Westafrika Sklavenhandel florierte, schmied er dagegen einen umfangreichen Entwicklungsplan nach Osten. Er nahm das holländische VOC als Vorbild und wollte sich für den Osthandel ein ähnliches Unternehmen gründen, wobei er einen Holländer namens Admiral Gijsels Vanlier (1593-1676) zur Hilfe zog. Obwohl aus verschiedenen Gründen dieses Vorhaben am Ende nicht gelang, wurde das Interesse des Kurfürsten an den östlichen Kulturen und Sprachen erregt. Zahlreiche chinesische Bücher waren nach Berlin transportiert worden, so dass Berlin zum größten Zentrum chinesischer Literatur Europas im 17. Jahrhundert wurde. Der erste deutsche Sinologe Andreas Müller (1630-1694) ging auch aus der Regierungszeit des Großen Kurfürsten hervor.

2.2 Friedrich I. (1657-1713)

2.2.1 „König in Preußen"

Der Sohn des Großen Kurfürsten war Friedrich I. Sein historisches Verdienst bestand darin, dass er seit Beginn seiner Regierung auf die Königswürde für das nicht zum Reichsgebiet gehörige Preußen hinarbeitete. Er erhielt nach langen Verhandlungen als Preis für die Unterstützung der Habsburger im Spanischen Erbfolgekrieg vom Kaiser das Recht, sich als „König in Preußen" zu bezeichnen. Die prunkvolle Krönungsfeier fand am 18. Januar 1701 in Königsberg, der Hauptstadt des Herzogtums, statt. „König von Preußen" durfte er sich nicht nennen, weil Westpreußen noch zum Königreich Polen gehörte. Sein Königstitel galt nur für das

Folge 11 Brandenburg-Preußens Aufstieg

Herzogtum Preußen. Der Königstitel war nach Ansicht vieler Zeitgenossen recht fragwürdig, ließ jedoch schon Prinz Eugen von Savoyen, Österreichs führender Staatsmann und Feldherr, Schlimmstes befürchten. Seiner Ansicht nach hätten die Minister, die dem Kaiser zur Anerkennung der preußischen Krone geraten hätten, die Todesstrafe verdient. Prinz Eugen hatte ein unglückliches Vorgefühl für künftige Entwicklungen.

Der prunkliebende „ König in Preußen " war auch ein Föderer von Kunst und Wissenschaft. Er gründete 1694 die Universität Halle und 1696 die Akademie der Künste in Berlin.

2.3 Friedrich Wilhelm I. (1688-1740)

2.3.1 „Soldatenkönig"

König Friedrich Wilhelm I. hat den Ausbau Brandenburg-Preußens zu einem Militärstaat wesentlich vorangetrieben. Seine ganze Liebe galt dem Militär. Unter seiner Regierung wurde das preußische Heer zu einem der stärksten in Europa. Als erster Monarch in Europa trug er seit 1725 ständig eine Uniform und machte sie zum Alltagsanzug. Besonders ohne Bedenken zeigte er sich bei der Beschaffung „langer Kerls" für sein Leibregiment. Sie mussten 1,80 Meter groß sein, nur dann fanden sie Gnade vor seinen Augen. Sein militaristisches Denken und Handeln trug ihm den Namen „Soldatenkönig" ein.

2.3.2 Sparsamkeit als höchste Tugend

Friedrich Wilhelm I. war mit dem Hochmut und der Verschwendung Friedrichs I. unzufrieden. Er strich alle unnützen Ausgaben. Er behielt nur diejenigen Personen im Dienst, die für die Wahrung der Würde notwendig oder dem Staat nützlich waren. Von den hundert Kammerherren seines Vaters behielt er nur zwölf, die übrigen wurden Offiziere oder Diplomaten. Er beschränkte seine eigenen Ausgaben auf eine mäßige Summe. Er sagte, ein Fürst müsse mit dem Gut und Blut seiner Untertanen sparsam umgehen. Die Sparsamkeit war für ihn die höchste Tugend. Statt aufwendiger Menüs aß er lieber Erbsensuppe, statt teurem Wein trank er Bier.

2.3.3 Streng patriarchalische Erziehung des Kronprinzen

Der Kronprinz stand in streng patriarchalischer Ausbildung. Drill ersetzte Familienleben. Seine Musikliebe und musischen Interessen wurden vom Vater als „weibisch" verhöhnt. In seinem Fluchtversuch im Sommer 1730 sah der „Soldatenkönig" einen Akt der „Desertion". Er stellte seinen Sohn vor ein

Kriegsgericht und wollte ihn von der Thronfolge ausschließen. Erst nach dem Protest der führenden Offiziere ließ der König den Sohn zur Haft in die Festung Küstrin überführen. Der ganze Zorn des Königs traf den Leutnant von Katte, der in Friedrichs Fluchtpläne eingeweiht war. Der junge Offizier wurde zum Tode verurteilt. Der „Soldatenkönig" zwang sogar seinen Sohn, zur Strafe und Belehrung der Exekution beizuwohnen. Friedrich wurde ohnmächtig, als er vom Fenster seines Gefängnisses aus die Hinrichtung seines besten Freundes mit ansehen musste. Erst nachdem der König die Nachricht erhalten hatte, sein Sohn könne wegen der Strenge und Eintönigkeit der Haft einer Gemütskrankheit verfallen, ließ er Straferleichterungen zu.

2.4 Friedrich II., der Große (1712-1786)

Er gilt als berühmter Repräsentant des aufgeklärten Absolutismus. Während seiner Regierungszeit verdoppelte sich das Territorium Preußens. Der politische Einfluss Preußens auf Europa wuchs. Friedrich II. besaß für einen Monarchen überdurchschnittliche politische Fähigkeiten sowie wissenschaftliche und künstlerische Interessen.

2.4.1 Liebhaber und Förderer von Wissenschaft und Kunst

Friedrich II. spielte selbst Flöte, komponierte über hundert Sonaten für Flöte und Cembalo.

Er bewunderte den französischen Aufklärer Voltaire (1694-1778), an den er mit 26 Jahren zu schreiben begann. Auf seine Einladung hielt sich Voltaire von 1750 bis 1753 in Potsdam auf. Im Schloss von Sanssouci philosophierte Friedrich mit seinem Stammtisch.

Friedrich zeigte sich für die Ideen der Aufklärung aufgeschlossen. Er las die Schriften des Philosophen Christian Freiherr von Wolff. Der Hallenser Rationalist war einst vom „Soldatenkönig" wegen „Freidenkerei" aus Preußen verbannt worden, wurde von Friedrich dem Großen wieder ins Land zurückgeholt und mit einer Professur in Halle bedacht.

Friedrich der Große hatte auch Interesse für China gezeigt. Er schrieb nach dem Stil der *Lettres persanes* von Montesquieu *die Relation de Phihihu, émissaire de l'empereur de la Chine en Europe – Traduit du Chinois*. Im Park von Sanssouci ließ er ein chinesisches Teehaus bauen. Er ließ das chinesische Porzellan nachmachen. Er strebte einen regulären Handel mit China an und schrieb deswegen an den chinesischen Kaiser

Folge 11 Brandenburg-Preußens Aufstieg

Qianlong. Er wurde aber von der chinesischen Seite abgelehnt. Daraufhin kühlte sich die Begeisterung Friedrichs merklich ab.

2.4.2 Kaltblütiger Krieger

Trotz aller musischen Interessen drehten sich Friedrichs des Großen Überlegungen um die Armee. Seine drei Schlesischen Kriege gegen Maria Theresia endeten für Österreich mit dem Verlust, für Preußen mit dem Gewinn Schlesiens.

2.4.2.1 Erster Schlesischer Krieg 1740-1742

Ende 1740 rückte Friedrich II. mit 30 000 Mann in Schlesien ein. Er nutzte die Schwäche des Hauses Habsburg wegen der weiblichen Thronfolge und erhob Ansprüche auf die reiche Provinz der jungen Erzherzogin Maria Theresia. Die Österreicher räumten nicht kampflos das Feld. Die von der Thronbesteigung einer Frau ausgelösten Begehrlichkeiten der anderen europäischen Mächte lösten jedoch einen allgemeinen Österreichischen Erbfolgekrieg aus und erlaubten Wien in Schlesien nur halbherzige Gegenwehr. So kam es nach Niederlagen bei Mollwitz am 10. April 1741 und bei Chotusitz am 17. Mai 1742 zum Berliner Frieden vom 28. Juli 1742, der Preußen Niederschlesien, Teile Oberschlesiens und die Grafschaft Glatz brachte.

2.4.2.2 Zweiter Schlesischer Krieg 1744/45

In Anbetracht der diplomatischen und politischen Erfolge Maria Theresias im Österreichischen Erbfolgekrieg und ihres Bündnisses mit Sachsen begann Friedrich II. im August 1744, nach dem er im Juni desselben Jahres ein Bündnis mit Frankreich abgeschlossen hatte, den Zweiten Schlesischen Krieg. Preußen nahm Prag schnell ein. Danach folgten Niederlagen gegen österreichische und sächsische Heere. Preußen musste Prag wieder aufgeben und Schlesien räumen, weil der Nachschub in Gefahr geriet und seine Armee durch Desertionen geschwächt war. Österreich nützte diese Gelegenheit aus. Gestützt auf das Bündnis mit England, Sachsen und Holland rückten die österreichischen Truppen in Schlesien vor. Trotzdem schlug Friedrich II. bei Hohenfriedeberg die zahlenmäßig überlegenen Österreicher am 4. Juni 1745, und zwei Monate später siegte er auch bei Soor. Den entscheidenden Sieg brachte ihm die Schlacht bei Kesselsdorf in Sachsen am 15. Dezember 1745. Friedrich II. konnte den

Besitz Schlesiens verteidigen, der 1745 im Frieden von Dresden bestätigt wurde. Auch im Frieden von Dresden erkannte Preußen Franz I., Gemahl Maria Theresias, als Kaiser an.

2.4.2.3 Dritter Schlesischer oder Siebenjähriger Krieg (1756-1763)

1756 verbündete sich Österreich mit Russland, Frankreich, Sachsen-Polen und dem Reich gegen Preußen, um das eroberte Schlesien zurückzugewinnen. Preußen kam nur im Bündnis mit Großbritannien-Hannover der Einkreisung zuvor. Friedrich siegte bei Roßbach am 5. November 1757 und bei Leuthen am 5. Dezember 1757 über kaiserliche Heere. Trotz dieser glorreichen Siege verlor er bei Kolin am 18. Juni 1757, Hochkirch am 14. Oktober 1758 und Kunersdorf. Um ein Haar wäre Friedrich der Totengräber Preußens und nicht „der Große" geworden. In der Schlacht von Kunersdorf im August 1759 war das preußische Heer in völliger Auflösung. Mitgerissen von der Flut der Flüchtenden erwog Friedrich sogar ernsthaft den Selbstmord. Er hatte aber Glück. Das Schlimmste wurde durch den Tod der Zarin Elisabeth im Jahr 1762 abgewendet. Der neue russische Herrscher Peter III. war ein Bewunderer Friedrichs und schied aus dem Krieg aus. Am 15. Februar 1763 wurde der Frieden von Hubertusburg unterzeichnet, in dem Friedrich II. Schlesien und die Großmachtstellung Preußens behauptete. Nun wurde er „der Große" und vom Volk wegen seiner Fürsorglichkeit liebevoll „ der alte Fritz " genannt. Es begann aber auch der preußisch-österreichische Dualismus, der hundert Jahre dauerte.

2.4.2.4 Erste Teilung Polens

1772 beteiligte sich Preußen an der 1. Teilung Polens. Polen verlor durch den preußisch-österreichisch-russischen Vertrag vom 5. August 1772 das Ermland, das sogenannte Preußen königlichen polnischen Anteils und den Netzedistrikt an Preußen. Dieser ersten folgten noch weitere Teilungen Polens. 1795 verschwand Polen sogar ganz von der Landkarte. Preußen umfasste im Todesjahr Friedrichs des Großen 194 891 km² mit 5,5 Millionen Einwohnern.

2.4.3 Friedrichs des Großen Innenpolitik

Friedrich II. betrieb umfassende Reformen im Heer-, Rechts-, Erziehungswesen und in der Landwirtschaft. Er hob die Folter auf. Er war bestrebt, dem Bauernlegen Einhalt zu gebieten und die Frondienste

Folge 11 Brandenburg-Preußens Aufstieg

einzuschränken. Er versuchte, die damals in Preußen noch ungewohnte Kartoffel populär zu machen, um Getreidemissernten und die damit verbundenen Hungerrevolten der Bevölkerung zu begegnen. Er war der erste europäische Herrscher, der trotz Widerstands der Bauern 1756 den Anbau der Kartoffel anordnete, die ursprünglich den Andenindianern als Hauptnahrungsmittel diente und durch pfälzische Auswanderer nach Brandenburg-Preußen gelangte. Noch 1774 mussten die hungernden Bewohner der Stadt Kolberg förmlich gezwungen werden, die vom König gesandten Kartoffelladungen zu verbrauchen.

3. Zusammenfassung

Ostpreußen entstand als Herzogtum Preußen 1525 aus dem Staat des Deutschen Ordens und fiel 1618 an Brandenburg. 1660 wurde Preußen durch Friedrich Wilhelm, den Großen Kurfürsten, von der polnischen Lehnshoheit befreit. Der Große Kurfürst war der eigentliche Begründer des brandenburgisch-preußischen Staates. Friedrich I. gewann 1701 den Königstitel für Preußen. Friedrich Wilhelm I. baute Brandenburg-Preußen zu einem Militärstaat aus. Friederich II., der Große, erwarb durch die Schlesischen Kriege Schlesien. Nach den drei Teilungen Polens wurde Preußen neben Österreich europäische Großmacht.

Nach der Niederlage gegen Napoleon I. bei Jena und Auerstedt im Jahre 1806 verlor Preußen die Hälfte des Staatsgebiets. Innere Reformen führten Stein, Hardenberg und Scharnhorst durch. 1848 brach die Märzrevolution in Berlin aus. 1849 lehnte der König die deutsche Kaiserkrone ab. 1862 wurde Otto von Bismarck zum Minister-Präsidenten berufen. Durch den Krieg gegen Dänemark 1864, gegen Österreich 1866 und den Deutsch-Französischen Krieg 1870/71 wurde die deutsche Einheit vollendet. 1871 wurden die süddeutschen Staaten außer Österreich mit dem Norddeutschen Bund zum Deutschen Reich zusammengeschlossen.

Nach dem Zweiten Weltkrieg beschloss der Alliierte Konrollrat, das Gremium der vier Siegermächte im besetzten Deutschland, in seinem Gesetz Nr. 46 am 25. Februar 1947, den preußischen Staat als Zentrum des deutschen Militarismus formell aufzulösen.

Folge 12
Deutschland 1789-1814

1. Die Französische Revolution und deren Auswirkungen auf Deutschland

1.1 Die vier Etappen der Französischen Revolution

Am 14. Juli 1789 stürmten die Volksmassen in Paris die Bastille. Damit begann die Französische Revolution. In der 1. Etappe der Revolution von 1789-1791 ergriff die Großbourgeoisie die Macht. Frankreich wurde zur konstitutionellen Monarchie. In der 2. Etappe von 1792-1793 hatte die Handels-, Agrar- und Industriebourgeoisie die Führung. Die Monarchie wurde gestürzt und die Herrschaft der Großbourgeoisie beseitigt. Das revolutionäre Frankreich errang am 20. September 1792 seinen ersten Sieg über die Preußen bei Valmy. Anfang des Jahres 1793 wurde der König Ludwig XVI. hingerichtet. Die 3. Etappe von 1793-1794 war der Höhepunkt der Französischen Revolution. Ab Mitte 1793 errichteten die Jakobiner, die sich auf die Sansculotten[1] stützten, ihre Diktatur. Die bedeutendsten Führer der Jakobiner waren Robespierre, Marat, Danton und Saint-Just. In der 4. Etappe von 1794-95 errichtete die Großbourgeoisie von neuem ihre Herrschaft. Damit endete die Revolution.

In der Französischen Revolution stieg Napoleon Bonaparte (1769-1821), der anfangs nur ein Artillerieoffizier war, rasch empor. Napoleon warf 1795 den Royalistenaufstand in Paris nieder. Danach wurde er Oberbefehlshaber in Italien. 1798/99 führte er den Feldzug gegen Ägypten. 1799 übernahm Napoleon als Erster Konsul die Staatsgewalt und krönte sich 1804 zum Kaiser.

1.2 Die Auswirkungen der Französischen Revolution auf Deutschland

Die Französische Revolution löste in Europa bürgerlich-demokratische Bewegungen und in Lateinamerika Unabhängigkeitsbewegungen aus. Die

---

[1] Französich, bedeutet „ohne Kniehosen". Spottname für die Anhänger der Französischen Revolution, die lange Hosen trugen, was im Gegensatz zu den in der Männerkleidung des Adels üblichen Kniehosen stand.

Folge 12   Deutschland 1789-1814

Französische Revolution fand auch in Deutschland großen Widerhall.

1.2.1 Die Volksbewegungen

Zunächst brachen Unruhen in den Gebieten aus, die Frankreich am nächsten lagen, z. B. in Baden und in der Pfalz. Dann kam es 1790 zu einem Aufstand in Sachsen. Die Handwerksgesellen in den deutschen Städten führten Streiks und Demonstrationen durch. 1793 wurde die Mainzer Republik, die erste bürgerlich-demokratische Republik auf deutschem Boden gegründet.

1.2.2 Die ambivalenten Reaktionen der Intellektuellen

Neben den Werktätigen zeigten sich die Intellektuellen von der Französischen Revolution tief beeindruckt. Die Dichter Klopstock, Schiller, Goethe, Herder, Hölderlin sowie die Philosophen Kant, Fichte und Hegel begrüßten die Revolution. Schiller und Klopstock wurden 1792 noch durch den französischen Nationalkonvent zu Ehrenbürgern erklärt. Als aber die Jakobiner ihre Diktatur errichteten, wandten sich viele Dichter und Gelehrte von der Revolution ab.

2. Napoleonische Fremdherrschaft und deutscher Nationalismus

2.1 Reichsdeputationshauptschluss

Nach der französischen Revolution verfolgte Frankreich das Ziel, die Grenze zwischen Frankreich und Deutschland an den Rhein zu verlegen. Napoleon trat dafür ein, jene deutschen Fürsten, die linksrheinische Gebiete an Frankreich verloren hatten, zu entschädigen. Deswegen wurden fast alle geistlichen Fürstentümer und die meisten Reichsstädte unter den betreffenden Fürsten aufgeteilt. Das war der Reichsdeputationshauptschluss, Beschluss der letzten außerordentlichen Reichsdeputation vom 25. Februar 1803. Aus dieser Beseitigung von mehr als hundert kleinen Herrschaften ergaben sich für den Kapitalismus in Deutschland günstigere Entfaltungsmöglichkeiten.

2.2 Rheinbund

1806 gründete Napoleon in Paris den Rheinbund. Damit versuchte Napoleon, seine Herrschaft über Deutschland abzusichern und sich zusätzliche Truppen für seine weiteren Eroberungszüge zu verschaffen. Zunächst gab es 16 deutsche Staaten, die diesen Vertrag unterzeichneten. Sie sagten sich für immer von Deutschland los und erkannten Napoleon als

Beschützer an. Bis 1811 schlossen sich mit Ausnahme Preußens und Österreichs alle anderen deutschen Staaten dem Bund an. Nach der Völkerschlacht bei Leipzig 1813 löste sich der Rheinbund auf.

2.3 Ende des Deutschen Reiches

Kaiser Franz II. legte am 6. August 1806 die deutsche Kaiserkrone nieder. Damit verschwand das Heilige Römische Reich deutscher Nation.

2.4 Doppelschlacht bei Jena und Auerstedt

Napoleon hatte das Kurfürstentum Hannover sowohl den Preußen als auch den Engländern in Aussicht gestellt. Dieses diplomatische Doppelspiel brachte Preußen dazu, seine Armee mobil zu machen. Auf ein preußisches Ultimatum, die französischen Truppen aus Süddeutschland abzuziehen, antwortete Napoleon mit dem Aufmarsch seiner Armeen. Am 14. Oktober 1806 kam es zu der Doppelschlacht bei Jena und Auerstedt, die mit einer Niederlage der preußischen Armee endete. Wenige Wochen danach waren auch die meisten preußischen Festungen in französischer Hand. Am 27. Oktober zog Napoleon an der Spitze seiner Truppen in Berlin ein. Der preußische König Friedrich Wilhelm III. war nach Memel geflohen.

2.5 Frieden von Tilsit

Preußen verlor am 9. Juli 1807 durch den Frieden von Tilsit die Großmachtstellung. Die harten Bedingungen schädigten Preußen schwer. Preußen verlor fast die Hälfte seines Gebietes und seiner 5 Millionen Einwohner. Im Osten handelte es sich vor allem um jenes Land, das von den Teilungen Polens stammte. Napoleon bildete daraus das Großherzogtum Warschau, zu dessen König sein Bruder Jérôme wurde. Nach der Scheidung von Joséphine Beauharnais vermählte Napoleon sich 1810 mit der österreichischen Kaisertochter Marie Louise.

2.6 Kontinentalsperre

Am 21. 11. 1806 erließ Napoleon von Berlin aus die Verordnung über die Kontinentalsperre. Die britischen Inseln wurden in Sperrzustand versetzt. Diese Handelsblockade, die bis 1812 dauerte, schädigte England zwar, konnte es aber nicht ruinieren. Die scharfen Überwachungsmaßnahmen konnten nicht verhindern, dass der Schmuggel blühte.

2.7 Wachsender Widerstand gegen Napoleon

Viele in Deutschland sahen in Napoleon zunächst einen Befreier vom feudalen Joch. Bald aber mussten sie erfahren, dass es ihm vor allem um die Interessen Frankreichs ging. Unter den Lasten der französischen Fremdherrschaft hatten alle Klassen und Schichten der Bevölkerung zu leiden. Der Widerstand gegen Napoleon wuchs. Friedrich Ludwig Jahn wollte durch Turnen den Körper stählen und die Jugend zum Kampf gegen Napoleon erziehen. Johann Gottlieb Fichte hielt seine „Reden an die deutsche Nation". Im April 1809 erhoben sich in Tirol die Bauern. Mehrere Aktionen gab es in Norddeutschland. Ende April 1809 suchte der Major Ferdinand von Schill das Zeichen für eine allgemeine Erhebung zu geben.

2.8 Befreiungskrieg

1812 kam es zwischen Frankreich und Russland zur Auseinandersetzung. Ohne Kriegserklärung überschritt Napoleon mit seiner „Großen Armee" die Grenze Russlands. Die Franzosen nahmen Moskau ein. Trotzdem mussten sie kurz danach den Rückzug antreten, denn die Stadt Moskau ging in Flammen auf. Der Feldzug Napoleons nach Russland endete mit einer Katastrophe. Von der „Großen Armee" mit über 600 000 Mann erreichten nur etwa 30 000 die russische Westgrenze. Dieser Sieg Russlands 1812 leitete den Zusammenbruch der Napoleonischen Herrschaft ein.

Die Niederlage Napoleons in Russland führte in Deutschland zu einem Aufschwung der Unabhängigkeitsbewegung. Am 30. Dezember 1812 schloss General Yorck ohne Zustimmung des preußischen Königs mit dem russischen General Diebitsch bei Tauroggen ein Abkommen. Danach sollten sich die der napoleonischen Armee eingegliederten preußischen Truppen künftig neutral verhalten. Am 28. Februar 1813 schlossen Preußen und Russland in Kalisch ein Bündnis. Kurz danach erklärte Preußen am 16. März Frankreich den Krieg. Männer aus unterschiedlichen Gesellschaftsschichten meldeten sich zum freiwilligen Waffendienst. Besonders berühmt wurde das aus Freiwilligen verschiedener deutscher Gebiete gebildete Freikorps Lützow, dem Friedrich Ludwig Jahn, Theodor Körner und andere hervorragende Patrioten angehörten. An vielen Orten wurden Sammelstellen eingerichtet, die Spenden für die Ausrüstung der Armee entgegennahmen. Der Krieg nahm die Züge eines Volksbefreiungskampfes an.

2.9 Völkerschlacht bei Leipzig 1813

Preußen, Russland, Österreich, England und Schweden standen im

August 1813 Napoleon gegenüber. Diese Länder gingen gemeinsam vor und brachten Napoleon bei Leipzig die kriegsentscheidende Niederlage bei. An dieser Völkerschlacht vom 16. bis 19. Oktober 1813 nahmen 190 000 Soldaten Napoleons, 127 000 Russen, 89 000 Österreicher, 72 000 Preußen unter dem Befehl Blüchers (1742-1819, genannt „Marschall Vorwärts") und 18 000 Schweden teil. Im Schlachtverlauf ging die Masse der sächsischen und württembergischen Truppen auf die Seite der Verbündeten über. Der Rheinbund löste sich auf.

3. Herstellung der Neuordnung durch den Wiener Kongress
3.1 Napoleons Verbannung und Tod

Nach Beendigung des Befreiungskrieges im Jahre 1814 wurde Napoleon auf der Insel Elba gefangen gehalten. 1815 konnnte er noch einmal für 100 Tage seine Herrschaft errichten. Nach seiner Niederlage bei Waterloo wurde er auf die Insel Sankt Helena verbannt, wo er 1821 starb.

3.2 Metternich (1773-1859)

Klemens Wenzel Fürst Metternich war vor allem Gegner Napoleons. Nach dem Sturz Napoleons verfolgte er eine restaurative Politik. Freiheitliche und nationale Bewegungen wurden niedergehalten. Der österreichische Staatsmann wurde durch die Revolution von 1848 gestürzt.

3.3 Wiener Kongress

Nach dem Sturz Napoleons wurde unter Leitung Metternichs auf dem Wiener Kongress von 1814 bis 1815 über die Neuordnung Europas beraten und entschieden. Unter den anwesenden zahlreichen europäischen Herrschern und Staatsmännern befanden sich der russische Zar, der Kaiser von Österreich und der König von Preußen. Der Deutsche Bund wurde geschaffen. Russland erhielt den größten Teil des Herzogtums Warschau als Königreich in Personalunion. Preußen erhielt die Hälfte des Königreichs Sachsen, Vorpommern, Westfalen und die Rheinprovinz. Österreich verzichtete auf die niederländischen sowie vorderösterreichischen Lande und erhielt die seit 1797 verlorenen Gebiete zurück. Die Schweiz erhielt 3 Kantone und die Garantie ihrer immerwährenden Neutralität. Der Kirchenstaat wurde wieder hergestellt und die Niederlande wurden um das spätere Belgien vergrößert. Die Heilige Allianz wurde begründet.

3.4 Deutscher Bund

Der auf dem Wiener Kongress herbeigeführte wichtigste Beschluss für die weitere Entwicklung Deutschlands war die Gründung des Deutschen Bundes im Jahre 1815. Der Deutsche Bund war ein deutscher Staatenbund unter Vorsitz von Österreich. Dem Deutschen Bund gehörten zunächst das Kaiserreich Österreich, die Königreiche Preußen, Bayern, Sachsen, Hannover und Württemberg sowie weitere 29 Kleinstaaten und die vier Freien Städte Bremen, Frankfurt am Main, Hamburg und Lübeck an. An der Spitze des Deutschen Bundes stand der Bundestag, der in Frankfurt am Main tagte. In der Bundesakte garantierten sich die Fürsten gegenseitig die „Unabhängigkeit und Unverletzbarkeit" ihrer Staaten. Österreich und Preußen rangen im Bund um die Vormachtstellung in Deutschland. Der Deutsche Bund existierte mit Unterbrechung von 1848 bis 1850 bis zum Jahre 1866.

Folge 13
Deutschland 1814-1871

1. Die Restauration

Restauration bedeutet im allgemeinen Wiederherstellung der alten politischen und sozialen Ordnung nach einem Umsturz. Unter der Restaurationszeit versteht man vor allem die Zeit von dem Wiener Kongress 1814/15 bis zu den Revolutionen von 1830 und 1848. In dieser Periode versuchte man in Europa die Zustände der Zeit vor der Französischen Revolution wiederherzustellen.

1.1 Wartburgfest 1817

Nach dem Befreiungskrieg gegen Napoleon traten Wissenschaftler und Studenten mit Forderungen nach bürgerlichen Freiheiten und nationalstaatlicher Einheit auf. Die Studenten schlossen sich zu Burschenschaften zusammen, deren Ziel in der Stärkung des Vaterlandsgefühls und in der Läuterung des studentischen Lebens bestand. Die Farben der Burschenschaften waren Schwarz-Rot-Gold. Am 17. Oktober 1817 versammelten sich über 450 Studenten von 13 deutschen Universitäten und einige Professoren auf der Wartburg zu einer Kundgebung, worauf der Deutsche Bund und die Heilige Allianz mit scharfen Gegenmaßnahmen reagierten. Die Burschenschaften wurden aufgelöst und die Universitäten streng überwacht. Die Farben Schwarz-Rot-Gold durften nicht getragen werden.

1.2 Hambacher Fest 1832

Im Zusammenhang mit der Juli-Revolution in Frankreich kam es in Deutschland zu einem Aufschwung der demokratisch-republikanischen Bewegung. Höhepunkt war die Massenkundgebung auf dem Hambacher Schloss bei Neustadt an der Hardt am 27. Mai 1832. An ihr nahmen etwa 30 000 Studenten und Bürger teil. Man forderte ein freies und einheitliches Deutschland. Das Hambacher Fest war die erste große politische Demonstration in Deutschland. Der deutsche Bundestag reagierte darauf mit Repressionsmaßnahmen und mit der völligen Unterdrückung der Presse- und Versammlungsfreiheit.

Folge 13   Deutschland 1814-1871

2. Die Revolution von 1848

Die französische Februar-Revolution von 1848 fand in Deutschland sofort ein Echo. Im März kam es in allen Bundesländern zu Volkserhebungen. Vom 18. Mai 1848 bis zum 30. Mai 1849 trat in der Frankfurter Paulskirche die Nationalversammlung, das erste deutsche Parlament, zusammen. Die 585 Abgeordneten des deutschen Volkes zielten auf eine freiheitliche Verfassung und eine nationale Regierung. Sie wählten den österreichischen Erzherzog Johann zum Reichsverweser und setzten ein Reichsministerium ein. Bestimmend war in der Nationalversammlung die liberale Mitte, die eine politische konstitutionelle Monarchie mit beschränktem Wahlrecht anstrebte. Die Zersplitterung der Nationalversammlung in verschiedene Kräfte von Konservativen bis zu radikalen Demokraten erschwerte eine Verfassungsgebung. Aber auch die liberale Mitte konnte die quer durch alle Gruppierungen gehenden Gegensätze zwischen den Anhängern einer „ großdeutschen " und einer „ kleindeutschen " Lösung, das heißt eines Deutschen Reiches mit oder ohne Österreich, nicht überwinden. Nach zähem Ringen wurde eine demokratische Verfassung fertiggestellt. Als jedoch Österreich darauf bestand, sein gesamtes, mehr als ein Dutzend Völkerschaften umfassendes Staatsgebiet in das künftige Reich einzubringen, siegte die kleindeutsche Auffassung. Die Nationalversammlung bot dem preußischen König Friedrich Wilhelm IV. die erbliche deutsche Kaiserkrone an, die der König jedoch ablehnte. Im Mai 1849 scheiterten in Sachsen, der Pfalz und Baden Volksaufstände, die die Durchsetzung der Verfassung „von unten " erzwingen wollten. Damit war die Niederlage der deutschen Revolution besiegelt.

3. Die industrielle Revolution und die sozialen Probleme
3.1 Die Industrialisierung in Deutschland

Unter der industriellen Revolution versteht man den durch wissenschaftlichen und technischen Fortschritt bewirkten Übergang von der Agrar- zur Industriegesellschaft. Zu deren Ergebnissen gehören u.a. Beseitigung der Massenarmut, Entstehung neuer Klassengegensätze und Zerstörung traditioneller Wertsysteme.

In den 30-50er Jahren des 19. Jahrhunderts setzte in Deutschland die industrielle Revolution ein. Später als in Großbritannien, dann aber um so rascher, vollzog sich die Industrialisierung in Deutschland.

Das Straßen- und Kanalnetz wurde ausgebaut. 1835 verkehrte zwischen Nürnberg und Fürth die erste deutsche Eisenbahn. Erste deutsche Großunternehmer tauchten auf. Industrielle Zentren wurden gebildet. 1836 wurden in Süddeutschland die ersten Spinnereien und Webereien gegründet. Mit dem Verkehr entwickelte sich auch das Nachrichtenwesen. Die Naturwissenschaften gewannen an Einfluss. 1866 gelang Werner von Siemens (1816-1892) die Konstruktion einer Dynamomaschine. Siemens gilt als einer der Begründer der Starkstromtechnik. 1886 entdeckte der Physiker Heinrich Hertz (1857-1894) die elektromagnetischen Wellen, die Voraussetzungen des Rundfunks und später des Fernsehens. Justus von Liebig (1803-1873) leitete den Aufschwung der deutschen Chemischen Wissenschaft ein und revolutionierte mit seiner Agrikulturchemie die Bodenbestellung. Erst dank der mineralischen Düngung ist es möglich geworden, so viele Lebensmittel zu produzieren, dass die rasch zunehmende Weltbevölkerung ernährt werden kann.

Die Industrie und die Technik veränderten Deutschland tiefgreifend. Deutschland wurde aus einem Agrarland zu einem Industrieland.

3.2 Die sozialen Probleme

Vor dem Hintergrund des Siegeszuges von Technik und Kapitalismus hoben sich die sozialen Probleme immer bedrohlicher ab. „In den Kohlen- und Eisenbergwerken, die ungefähr auf gleiche Weise ausgebeutet werden, arbeiten Kinder von 4, 5, 7 Jahren [...] Die gewöhnliche Arbeitszeit ist 11 bis 12 Stunden, oft länger, in Schottland bis zu 14 Stunden, und sehr häufig wird doppelte Zeit gearbeitet, so daß alle Arbeiter 24, ja nicht selten 36 Stunden hintereinander unter der Erde und in Tätigkeit sind."[1] Was Friedrich Engels (1820-1895), der Theoretiker des Sozialismus, in der *Lage der arbeitenden Klasse in England* beschreibt, wiederholte sich in Deutschland.

Die Arbeitsbedingungen waren schlecht und hart. Es fehlte Versicherungsschutz. Die Arbeitszeiten waren lang. Ende der 40er Jahre dehnten sie sich zu 15, 16, 17 und mehr Stunden aus und erst nach den 60er Jahren wurden sie durch staatliche Verordnung auf 12 Stunden reduziert. Die

---

1. Friedrich Engels: Die Lage der arbeitenden Klasse in England. 2. Auflage. Berlin: Dietz Verlag 1952. S. 298-299.

Kinder begannen schon im Alter von acht Jahren zu arbeiten, wobei ihr Arbeitstag bis zu 14 Stunden dauern konnte, die Sonn- und Feiertage nicht ausgenommen. Es gab sogar Fälle, in denen Kinder bereits mit vier Jahren morgens früh um 5 Uhr in kaltem oder nassem Wetter zur Arbeitsstätte geschleppt wurden. Erst als der preußische Staat 1839 besorgt um seinen Heeresersatz ein erstes Arbeitsschutzgesetz erließ, wurde die Beschäftigung von Kindern unter neun Jahren in Fabriken und Bergwerken untersagt, die Nacht-, Sonn- und Feiertagsarbeit verboten und die Arbeitszeit der Jugendlichen unter 16 Jahren auf 10 Stunden begrenzt. Außerdem mussten die Arbeiter noch unter dem wachsenden Lohndruck leiden. Was die Wohnverhältnisse anbelangte, so hausten die Arbeiterfamilien in den rasch expandierenden Städten auf die unerträglichste Weise.

3.3 Die Arbeiterbewegung

Die ersten Maßnahmen, den Arbeitern in Not zu helfen, gingen von einzelnen Gläubigen der Kirchen aus. Die Reformarbeit der praktischen Arbeiterbewegung hatte sich 1848 in der „Allgemeinen Deutschen Arbeiterverbrüderung" organisiert und bemühte sich, die Lage der Arbeiterschaft zu verbessern. Trotz Unterdrückung breitete sich die organisierte Arbeiterbewegung weiter aus und entfachte um die Mitte der 50er Jahre eine der größten Streikbewegungen in der bisherigen deutschen Geschichte. 1863 gründete schließlich Ferdinand Lassalle (1825-1864) in Leipzig den „Allgemeinen Deutschen Arbeiterverein". Damit wurden die Interessen der Arbeiter erstmals auch politisch wirksam artikuliert.

3.4 Karl Marx (1818-1883)

Karl Marx, der Denker und Organisator der proletarischen Bewegung, wurde als Sohn eines jüdischen Gelehrten in Trier geboren. In der Verbannung in England schuf er zusammen mit Friedrich Engels das System des „wissenschaftlichen Sozialismus". Er interpretierte die Menschheitsgeschichte als Abfolge von Klassenkämpfen und zielte auf revolutionäre politische Aktion der Arbeiterschaft zum Umsturz der bestehenden Gesellschaftsordnung. So lehrt Marx, dass die Bourgeoisie ihren eigenen Totengräber produziere. Ihr Untergang und der Sieg des Proletariats seien gleich unvermeidlich.[1]

---

1. Karl Marx u. Friedrich Engels: Das kommunistische Manifest. Berlin: Verlags-Gesellschaft M.B. H. 1919. S.28.

Das Manifest der Kommunistischen Partei endet daher mit dem Aufruf zum gemeinsamen Kampf gegen den Kapitalismus: „Proletarier aller Länder vereinigt Euch!"[1]

Die Wirkung der marxistischen Lehre war unermesslich. In allen Industrieländern entstanden sozialistische Parteien. August Bebel (1840-1913) gründete 1869 in Deutschland die „Sozialdemokratische Arbeiterpartei". Sie ist die Vorläuferin der heutigen „Sozialdemokratischen Partei Deutschlands", der SPD.

Es war jedoch nicht der soziale, sondern der nationale Gedanke, der den weiteren Verlauf der deutschen Geschichte im 19. Jahrhundert bestimmte. In seinem starken Drang nach nationaler Einheit ersehnte das deutsche Bürgertum und Kleinbürgertum, nachdem der misslungene Einigungsversuch durch die Frankfurter Paulskirche die Erfüllung der nationalen Hoffnungen und Wünsche erneut zunichte gemacht hatte, mehr denn je die politische Tat, die das Einigungswerk vollenden sollte. Dabei verflochten sich nach der Jahrhundertmitte solche Hoffnungen mit dem Bemühen um wirtschaftliche Expansion, die gleichfalls dringend eines nationalen Rahmens bedurfte, um sich gleichrangig neben den übrigen Industriestaaten zu behaupten.

4. Otto von Bismarck (1815-1898)

Als der preußisch-deutsche Staatsmann von 1851 bis 1859 preußischer Gesandter am Bundestag in Frankfurt am Main war, kämpfte Bismarck schon für Preußens Vorherrschaft. Nachdem er 1862 zum preußischen Ministerpräsidenten berufen worden war, begann er damit, die militärische Entscheidung der Deutschen Frage vorzubereiten. 1866 führte er Krieg mit Österreich, schloss den Frieden von Prag und wurde Kanzler des Norddeutschen Bundes. 1871 wurde er Kanzler des Deutschen Reiches. 1890 wurde er durch Wilhelm II. entlassen.

4.1 Außenpolitik

Bismarck verfolgte eine zurückhaltende, auf Ausgleich bedachte Außenpolitik, deren Ziel in der Sicherung des Friedens lag und deren Weg die Isolierung Frankreichs und Annäherung an Österreich-Ungarn, Pflege

---

1. Karl Marx u. Friedrich Engels: Das kommunistische Manifest, S. 51.

Folge 13 Deutschland 1814-1871

guter Beziehungen zu Russland war. Um Deutschland vor feindlichen Koalitionen zu schützen, schuf Bismarck eine Reihe von Bündnissen.

4.2 Innenpolitik

Bismarck suchte den preußischen Staatsgedanken mit der Nationalbewegung des 19. Jahrhunderts zu verbinden. Seine Innenpolitik war von obrigkeitsstaatlichem Denken geprägt.

4.3 Schaffung des deutschen Nationalstaates durch „Eisen und Blut"

4.3.1 Deutsch-Dänischer Krieg 1864

Schleswig und Holstein waren mit Dänemark verbunden. Die deutsche Bevölkerung der beiden Herzogtümer fühlte sich unterdrückt. Sie forderte eine Volksbewaffnung und Freiwilligenverbände wurden aufgestellt. Um ihre eigenen Interessen durchzusetzen, entschlossen sich Preußen und Österreich, gegen Dänemark vorzugehen. Dänemark wurde besiegt. Im Oktober 1864 wurde in Wien Frieden geschlossen. Dänemark musste die Herzogtümer an Preußen und Österreich abtreten.

4.3.2 Preußisch-Österreichischer Krieg 1866

Der Gegensatz zwischen Preußen und Österreich verschärfte sich. Ihr Kampf um die Vorherrschaft in Deutschland trat in das entscheidende Stadium. Bismarck nutzte Streitigkeiten um die Verwaltung und Zukunft der Herzogtümer Schleswig und Holstein, um Österreich zum Krieg zu reizen. Andere deutsche Kleinstaaten wurden in diesen Krieg hineingezogen. Die entscheidende Schlacht fand am 3. Juli 1866 bei Königgrätz statt. Den Sieg trug Preußen davon. Mit dem Frieden von Prag im August 1866 wurde dieser Krieg beendet. Österreich schied aus dem deutschen Staatsverband aus.

4.3.3 Norddeutscher Bund 1867

Nach dem Sieg über Österreich gründete Preußen 1867 den Norddeutschen Bund. Ihm gehörten 22 Mittel- und Kleinstaaten sowie Freie Städte an. Es gab zwar einen Reichstag, doch die tatsächliche Macht lag in den Händen Preußens.

4.3.4 Deutsch-Französischer Krieg 1870/71

Die Ursache war Argwohn Frankreichs gegen Bismarcks Politik der Reichsgründung und der Anlass die Kandidatur des Erbprinzen von Hohenzollern-Sigmaringen auf den spanischen Thron. Am 19. Juli 1870 erklärte Frankreich Preußen den Krieg, die süddeutschen Staaten traten sofort auf die Seite Preußens. Paris wurde von den deutschen Truppen eingeschlossen und ergab sich am 28. Januar 1871. Der Krieg endete am 10. Mai 1871 mit dem Frankfurter Frieden. Frankreich wurden harte Bedingungen auferlegt. Es musste Elsass und Teile Lothringens abtreten sowie 5 Milliarden Franken Kriegsentschädigung zahlen.

Folge 14
Die Gründung des deutschen Nationalstaates und die zwei Weltkriege

1. Die Gründung des deutschen Nationalstaates
1.1 Gründung des Deutschen Reiches

Dem Deutsch-Französischen Krieg 1870/71 folgte die Reichsgründung. Am 18. Januar 1871 wurde im Spiegelsaal des Schlosses von Versailles der preußische König Wilhelm I. zum deutschen Kaiser ausgerufen. Reichskanzler wurde Bismarck. Der Reichsverfassung von 1871 nach besaßen der Kaiser und der Reichskanzler die entscheidende Macht. Das Deutsche Reich war ein Bundesstaat und bestand aus 25 Einzelstaaten. Die Gründung des deutschen Nationalstaates bedeutete einen historischen Fortschritt. Der Kapitalismus konnte sich nun rasch entwickeln.

1.2 Die stürmische Industrialisierung

1.2.1 Schwerindustrie

Nach 1871 kam es in Deutschland zu einer stürmischen Entwicklung der Industrie. Moderne Produktionsverfahren erbrachten einen enormen Aufschwung der Schwerindustrie. Durch die Anwendung des seit 1856 bekannten Bessemer-Verfahrens und die Einführung des Siemens-Martin-Ofens wurde die Stahlherstellung revolutioniert. Das Thomas-Verfahren gestattete nunmehr die volle Ausnutzung der phosphorhaltigen Erze Lothringens. Die Kohleförderung wurde gesteigert. Durch moderne Kokereitechnik erhöhte sich die Heizkraft der Brennstoffe und zugleich die Gaserzeugung. Auch Fortschritte im Maschinenbau beschleunigten die Entwicklung der Schwerindustrie.

1.2.2 Neue Industriezweige

Zahlreiche neue Produktionszweige bildeten sich heraus. Forschungsergebnisse der Wissenschaft dienten in zunehmendem Maße der wirtschaftlichen Praxis. Es kam zu einer breiten Entfaltung des Verkehrswesens. Das Eisenbahnnetz entwickelte sich stürmisch. In den chemischen Fabriken wurden künstliche Farben und Arzneimittel aus Steinkohleteer gewonnen. Die Produktion von chemischen Düngemitteln fiel immer stärker ins Gewicht. In Jena entwickelte sich die Firma Carl Zeiss zum Zentrum der optischen Industrie. In den 80er Jahren kam die Elektroindustrie auf. In die Zeit am Ende des 19. Jahrhunderts fiel auch der Beginn der Autoindustrie.

1.2.3 Gründerjahre und Gründerkrach

Sowohl in der Industrie als auch im Bankwesen kam es zu einer massenhaften Gründung von Aktiengesellschaften. Entstanden in den Jahren 1790 bis 1870 nur etwa 300 Aktiengesellschaften, so wurden zwischen 1871 und 1872 etwa 780 davon gegründet. Die Jahre von 1871 bis 1873 werden daher als Gründerjahre bezeichnet. Dabei spielten die Milliarden der französischen Kriegsentschädigungen eine wesentliche Rolle. Sie riefen übertriebene Spekulation hervor. Als 1873 eine Weltwirtschaftskrise ausbrach, wirkte sie sich auf Deutschland besonders stark aus. Ein allgemeiner Kurssturz führte zum Zusammenbruch zahlreicher Gründungen. Man sprach vom Gründerkrach.

1.2.4 Unfall-, Kranken- und Rentenversicherung

Die sozialistische Bewegung wuchs nach 1875 schnell an. Die Parteimitgliederzahlen stiegen. 1890 ging die Sozialdemokratie mit fast 1,5 Millionen Stimmen als stärkste Partei aus den Reichstagswahlen hervor. Das 1878 erlassene Sozialistengesetz[1] trat in dem selben Jahr außer Kraft. Die Sozialreformen waren schließlich auch ein Ergebnis des Kampfes der Arbeiterklasse. 1883 wurde das Krankenversicherungsgesetz, 1884 das Unfallversicherungsgesetz und 1889 das Alters- und Invalidenversicherungsgesetz erlassen.

1.3 Deutschlands Forderung nach einer Neuaufteilung der Welt

1.3.1 Verstärkte Aufrüstung

Im Vergleich zu den anderen Ländern war Deutschland bei der Aufteilung der Welt zu spät gekommen. Sein Kolonialbesitz war gering und

---

1. Das nach den Attentaten auf Kaiser Wilhelm I. von Bismarck durchgesetzte Ausnahmegesetz vom 21.10.1878 gegen die gemeingefährlichen Bestrebungen der Sozialdemokratie. Es ermächtigte die Polizei zur Auflösung ihrer Vereine, zur Ausweisung ihrer Propagandisten und zur Beschlagnahme ihrer Zeitungen und Schriften. Es war auf drei Jahre befristet, wurde aber mehrfach verlängert, bis es entgegen Bismarcks Wünschen im Januar 1890 im Reichstag zu Fall kam und im Oktober 1890 die Frist ablief.

seine Einflussgebiete waren sehr beschränkt. Das stand im Widerspruch zu seinen wirtschaftlichen Ansprüchen und gewachsenen Möglichkeiten. Daher forderte Deutschland, die Welt neu aufzuteilen. Diese Bestrebungen führten um die Jahrhundertwende zu einer verstärkten Aufrüstung. Es kam zu einer enormen Ausweitung der Rüstungsindustrie. Mit den Flottengesetzen 1898 und 1900 begann das Wettrüsten zur See, das insbesondere den Gegensatz zu Großbritannien verstärkte.

1.3.2 Ideologische Kriegsvorbereitung

Eine vielfältige und umfangreiche ideologische Kriegsvorbereitung wurde betrieben. Schulen, Universitäten, Theater, Kirchen und vor allem die Presse beteiligten sich aktiv daran. Zahlreiche Propagandaorganisationen wurden geschaffen. Sie züchteten einen gefährlichen Chauvinismus. Die führende Organisation war dabei der 1891 gegründete Alldeutsche Verband. Außer ihm wirkten die Deutsche Kolonialgesellschaft, der Ostmarkenverein, der Deutsche Flottenverein, der Reichsverband gegen die Sozialdemokratie, der Deutsche Wehrverein und zahlreiche Kriegsvereine.

2. Der Erste Weltkrieg 1914-1918

2.1 Mord von Sarajevo

Am 28. Juni 1914 verübten serbische Nationalisten in Sarajevo auf den österreichischen Thronfolger ein Attentat. Die Ermordung löste den Ersten Weltkrieg aus. Österreich-Ungarn erklärte am 28. Juli 1914 Serbien den Krieg, was das Eingreifen Russlands zur Folge hatte. Deutschland erklärte am 1. August Russland und am 3. August Frankreich den Krieg. Am 4. August erklärte England Deutschland den Krieg.

2.2 Stellungskrieg, Materialschlacht und Giftgas

Alfred Graf von Schlieffen (1833-1913), Chef des Generalstabes der Armee, entwarf 1905 den Schlieffenplan, nach dem, um einen langwierigen Zweifrontenkrieg zu vermeiden, zunächst die französischen Streitkräfte rasch durch einen blitzartigen Angriff vernichtet werden sollten. Dann sollten alle Truppen an die Ostfront verlegt werden, um sich siegreich gegen Russland zu wenden. Die rasche Niederwerfung Frankreichs gelang jedoch nicht. Der deutsche Blitzkriegsplan scheiterte.

Nach der deutschen Niederlage in der Marne-Schlacht kam es zu einem langwierigen Stellungskrieg. Es gelang keiner der kriegführenden Mächte, die Front des Gegners zu durchbrechen und entscheidenden Geländegewinn zu erzielen. Ungeheure Mengen von Waffen und Munition wurden produziert. Der Stellungskrieg gipfelte schließlich in Materialschlachten mit äußerst hohen Verlusten auf beiden Seiten, etwa in der Schlacht um Verdun und der Schlacht an der Somme 1916 sowie der Schlacht an der Aisne 1917. Auch Giftgas wurde eingesetzt.

2.3 Der Kriegseintritt der USA 1917 und die Revolution in Russland

Die USA erklärten am 6. April 1917 Deutschland den Krieg, was die sich schon längst abzeichnende Entscheidung brachte. Auch die Revolution in Russland und der Frieden im Osten konnten nichts mehr ändern.

2.4 Deutscher militärischer Zusammenbruch 1918

Im Spätsommer 1918 lag Deutschland militärisch geschlagen am Boden. Die deutschen Armeen wurden zum Rückzug gezwungen. Mit dem militärischen Zusammenbruch gingen der ökonomische und politische einher. Am 9. November 1918 dankte Wilhlem II. ab und ging in die Niederlande, wo er 1941 starb. Die Unterzeichnung des Waffenstillstandes erfolgte am 11. November 1918.

Deutschland musste die alleinige Verantwortung für den Ausbruch des Krieges auf sich nehmen und verlor ein Achtel seines bisherigen Staatsgebiets mit insgesamt 6,5 Millionen Einwohnern. Es musste gigantische Reparationen bezahlen und umfassend entwaffnet werden.

2.5 Der Frieden von Versailles 1919

Der Versailler Vertrag wurde am 28. Juni 1919 zwischen dem Deutschen Reich und 26 alliierten und assoziierten Mächten geschlossen. Damit wurde der 1. Weltkrieg beendet. Der Vertrag umfasst 440 Artikel in 15 Teilen.

Teil 1: Völkerbundssatzung. Teil 2 und 3: Grenzregelungen und Landesabtretungen, die nicht immer korrekt durchgeführt wurden: Elsass-Lothringen an Frankreich, Moresnet und Eupen-Malmedy an Belgien, fast ganz Westpreußen und Posen, Kreis Soldau und Ostoberschlesien an Polen; Danzig wurde „Freie Stadt"; Teile Ostpreußens (Memelland) kamen unter alliierte Verwaltung, später an Litauen; Nordschleswig an Dänemark, das Hultschiner Ländchen an die ČSR. Weiterhin wurde das Saargebiet abgetrennt und wirtschaftlich an Frankreich angeschlossen; Verbot des Anschlusses von Österreich an das Deutsche Reich; alliierte Besetzung des linken Rheinufers mit den Brückenköpfen Mainz, Koblenz, Köln. Räumung nach 5, 10 und 15 Jahren. Teil 4: Abtretung der deutschen Kolonien an den Völkerbund. Teil 5: Beschränkung des Heeres auf 100 000 und der Marine auf 15 000 Mann, Rüstungsbeschränkungen, Auslieferung des Kriegsmaterials. Teil 6 und 7: Anordnungen über die Freilassung der Kriegsgefangenen und die Auslieferung der Kriegsverbrecher (darunter Wilhelm II.). Teil 8: Im Artikel 231 wurde die alleinige Schuld Deutschlands und seiner Verbündeten am Ausbruch des 1. Weltkrieges festgestellt; Festsetzung der Reparationen. Teil 9-15: Finanzielle und wirtschaftliche Forderungen: Internationalisierung der Elbe, Oder, Donau und des Rheins u.a.

Der am 10. Januar 1920 in Kraft getretene Friedensvertrag wurde in Deutschland als Diktat empfunden. Er war auch eine der Ursachen für das Scheitern der Weimarer Republik und die Entfaltung rechtsradikaler Strömungen in Deutschland.

3. Die Weimarer Republik 1919-1933

Im Januar 1919 wählte man die Nationalversammlung, die in Weimar tagte und eine neue Reichsverfassung beschloß. Das Privateigentum in Industrie und Landwirtschaft blieb unangetastet. Die zumeist antirepublikanisch gesinnte Beamten- und Richterschaft wurde vollzählig übernommen. Das kaiserliche Offizierskorps behielt die Befehlsgewalt über die Truppen. Gegen Versuche linksradikaler Kräfte, die Revolution in sozialistischer Richtung weiterzutreiben, wurde militärisch vorgegangen. Im Laufe der Zwanziger Jahre wurden jedoch diejenigen Kräfte immer stärker, die dem demokratischen Staat mit mehr oder weniger großen Vorbehalten gegenüberstanden. Die Weimarer Republik war eine „ Republik ohne Republikaner ". Die wirtschaftliche Not der Nachkriegszeit und die drückenden Bedingungen des Friedensvertrages von Versailles ließen eine tiefe Skepsis gegenüber der Republik entstehen. Die Folge war eine wachsende innenpolitische Instabilität.

1923 erreichten die Wirren der Nachkriegszeit wie Inflation, Ruhrbesetzung, Hitlerputsch und kommunistische Umsturzversuche ihren

Höhepunkt. Danach trat mit der wirtschaftlichen Erholung eine gewisse politische Beruhigung ein. Die Außenpolitik Gustav Stresemanns gewann dem besiegten Deutschland durch den Locarno-Vertrag (1925) und den Beitritt zum Völkerbund (1926) die politische Gleichberechtigung zurück. Kunst und Wissenschaft erlebten in den „goldenen zwanziger Jahren" eine kurze, intensive Blütezeit. Nach dem Tod des ersten Reichspräsidenten, des Sozialdemokraten Friedrich Ebert, wurde 1925 der ehemalige Feldmarschall Hindenburg als Kandidat der Rechten zum Staatsoberhaupt gewählt.

Der Niedergang der Weimarer Republik begann mit der Weltwirtschaftskrise 1929. Linker und rechter Radikalismus machten sich Arbeitslosigkeit und allgemeine Not zunutze. Im Reichstag fanden sich keine regierungsfähigen Mehrheiten mehr. Die Kabinette waren abhängig von der Unterstützung des Reichspräsidenten. Die bisher bedeutungslose nationalsozialistische Bewegung Adolf Hitlers, die extrem antidemokratische Tendenzen und einen wütenden Antisemitismus mit scheinrevolutionärer Propaganda verband, gewann seit 1930 sprunghaft an Gewicht und wurde 1932 stärkste Partei. Am 30. Januar 1933 wurde Hitler Reichskanzler.

4. Die Diktatur des Nationalsozialismus 1933-1945

Hitler sicherte sich durch das Ermächtigungsgesetz nahezu unbegrenzte Befugnisse und verbot alle Parteien außer der eigenen. Die Gewerkschaften wurden zerschlagen, die Grundrechte praktisch außer Kraft gesetzt, die Pressefreiheit aufgehoben. Die Verfolgung politischer Gegner und die Unterdrückung der Meinungsfreiheit trieben Tausende aus dem Lande. Viele der besten deutschen Intellektuellen, Künstler und Wissenschaftler gingen in die Emigration.

Hitler gelang es, mit Arbeitsbeschaffungs- und Rüstungsprogrammen die Wirtschaft wieder zu beleben und die Arbeitslosigkeit schnell abzubauen. Dabei wurde er durch das Ende der Weltwirtschaftskrise begünstigt.

Hitler konnte auch seine außenpolitischen Ziele zunächst fast widerstandslos durchsetzen. 1935 kehrte das Saargebiet, das bis dahin unter Völkerbundsverwaltung stand, zu Deutschland zurück, und im gleichen Jahr wurde die Wehrhoheit des Reiches wiederhergestellt; 1936 rückten deutsche Truppen in das seit 1919 entmilitarisierte Rheinland ein. Im März 1938 kam es zum „Anschluß" Österreichs und die Westmächte gestatteten Hitler noch im selben Jahr die Annexion des Sudetenlandes. Das alles erleichterte ihm, seine weiteren Ziele zu verwirklichen.

Sofort nach der Machtergreifung setzte das Regime sein antisemitisches Programm durch. Allmählich wurden die Juden aller Menschen- und Bürgerrechte beraubt. 1942 begann das Regime mit der „ Endlösung der Judenfrage ": Alle Juden, deren man habhaft werden konnte, wurden in Konzentrationslager gebracht und ermordet. Die Gesamtzahl der Opfer wird auf sechs Millionen geschätzt.

5. Der Zweite Weltkrieg und der Untergang des deutschen Nationalstaats

Hitler wollte über ganz Europa herrschen. Er betrieb von Anfang an die Vorbereitung eines Krieges. Im März 1939 ließ er seine Truppen in die Tschechoslowakei einmarschieren. Am 1. September 1939 entfesselte er mit dem Angriff auf Polen den Zweiten Weltkrieg.[1]

In den ersten 3 Jahren hatten die Deutschen Kriegsglück. Polen musste nach wenigen Wochen kapitulieren. Danach besiegten die deutschen Armeen Dänemark, Norwegen, Holland, Belgien, Luxemburg, Frankreich, Jugoslawien und Griechenland. Am 22. Juni 1941 begann das „Unternehmen Barbarossa" und die Deutschen drangen bis kurz vor Moskau vor. In Nordafrika bedrohten sie den Suez-Kanal.

Das Jahr 1942 brachte die Wende des Krieges. Es gab Rückschläge auf allen Kriegsschauplätzen. Was den Russlandfeldzug betraf, blieben die deutschen Soldaten nach anfänglichen Erfolgen in Matsch und Schnee stecken. Die Wende des Russlandfeldzugs war die Schlacht um Stalingrad im Winter 1942/43. Eine ganze deutsche Armee wurde in dieser Stadt eingeschlossen und musste schließlich kapitulieren.

Unter riesigen Opfern setzte Hitler den Kampf fort. Seiner Logik nach hatte sich das deutsche Volk im Fall der Niederlage als das Schwächere erwiesen und daher seinen Untergang verdient. Er sagte: „ Wir überlassen

---

1. 有学者认为,第二次世界大战由在东亚和欧洲进行的两场战争演变而成。1937年"七七事变"日本发动的全面侵华战争和中国的抗日战争可视为第二次世界大战起点,而德国挑起的欧洲战争则应视为使世界大战全面化。请参阅丁建弘:《德国通史》。上海:上海社会科学院出版社,2002年10月,第一版,第358—361页。

den Amerikanern, Engländern und Russen nur eine Wüste."[1] Aber die deutsche Kriegsniederlage war besiegelt. Am 30. April 1945 beging der Diktator Selbstmord und entzog sich der Verantwortung. Am 8. Mai 1945 kapitulierte die deutsche Wehrmacht bedingungslos.

---

1. Zitiert nach Hagen Schulze: Kleine deutsche Geschichte. München: Verlag C. H. Beck 1996. S. 226.

Folge 15
Deutschlands Spaltung und Wiedervereinigung

1. Die Teilung
1.1 Die Potsdamer Konferenz

Vom 17. Juli bis 2. August 1945 fand die Potsdamer Konferenz statt, an der die UdSSR, die USA und Großbritannien teilnahmen. Das Ergebnis der Konferenz war das Potsdamer Abkommen, durch das die politischen und wirtschaftlichen Grundsätze für das gemeinsame Vorgehen vereinbart wurden. Frankreich trat dem Abkommen im August 1945 bei.

Zu den wichtigsten Beschlüssen der Potsdamer Konferenz gehören erstens: Vorbereitung der Friedensregelung mit Deutschland und seinen Verbündeten. Zweitens: Das Ziel der Besetzung Deutschlands umfasst Entmilitarisierung, Entnazifizierung und Demokratisierung sowie Zerschlagung der Konzerne und Reparationszahlungen. Drittens: Bestätigung des Alliierten Kontrollrats, als dessen Sitz Berlin eine Viermächteverwaltung erhält; Bestätigung der Einteilung Deutschlands in vier Besatzungszonen bei Wahrung der Wirtschaftseinheit. Viertens: Bestrafung der Kriegsverbrecher. Fünftens: Unterstellung der deutschen Gebiete östlich der Oder-Neiße-Linie unter polnische und des Nordteils von Ostpreußen unter sowjetische Verwaltung.

1.2 Die Teilung Deutschlands in vier Besatzungszonen

Nach der bedingungslosen Kapitulation der deutschen Truppen am 8. Mai 1945 wurde Deutschland in vier Besatzungszonen und Berlin in vier Besatzungssektoren geteilt. Die vier Siegermächte – die USA, Großbritannien, die Sowjetunion und Frankreich – übernahmen die oberste Gewalt. Der Alliierte Kontrollrat bildete die oberste staatliche Autorität.

1.3 Nürnberger Prozesse

Von 1945 bis 1949 wurden in Nürnberg Prozesse gegen führende Personen und Organisationen des nationalsozialistischen Deutschland geführt. Im August

1945 wurde aus Vertretern Frankreichs, Großbritanniens, der UdSSR und der USA der Internationale Militärgerichtshof gebildet. Der Internationale Militärgerichtshof führte vom 20. November 1945 bis 1. Oktober 1946 in Nürnberg den ersten Prozess gegen die deutschen Hauptkriegsverbrecher durch. 22 Personen und 6 Organisationen waren angeklagt. Zwölf Angeklagte wurden zum Tode verurteilt, unter ihnen Hermann Göring, die Wehrmachtsbefehlshaber Keitel und Jodl und der SS-Verantwortliche Kaltenbrunner. Der SS-Chef Himmler und der Propagandaminister Goebbels hatten bei Kriegsende wie Hitler Selbstmord begangen. NSDAP, Geheime Staatspolizei, SS und SD wurden verboten. Es folgten zwölf weitere Prozesse vor amerikanischen Militärgerichten gegen Ärzte, Juristen, Industrielle, Offiziere, Generäle, Minister und Diplomaten. Damit wurden erstmalig Verbrechen gegen den Frieden und gegen die Menschlichkeit juristisch bestraft.

1.4 Differenzen zwischen den Siegermächten

Die Differenzen zwischen den Siegermächten vergrößerten sich immer mehr. Das ursprüngliche Ziel der Potsdamer Konferenz trat bald in den Hintergrund. Einig war man sich nur in der Frage der Entnazifizierung, Entmilitarisierung, ökonomischen Dezentralisierung und der Erziehung der Deutschen zur Demokratie. Ferner gaben die westlichen Siegermächte ihre Zustimmung zur Ausweisung Deutscher aus den unter polnische Verwaltung gestellten deutschen Ostgebieten, Nordostpreußen, Ungarn und der Tschechoslowakei. Ein Minimalkonsens wurde lediglich mit der Erhaltung der vier Besatzungszonen als wirtschaftliche und politische Einheiten erzielt. Jede Besatzungsmacht sollte ihre Reparationen zunächst aus der eigenen Besatzungszone abdecken.

Mit der Anbindung der vier Zonen an unterschiedliche politische und wirtschaftliche Systeme wurde Deutschland zu dem Land, in dem sich der Kalte Krieg am radikalsten manifestierte. In den einzelnen Besatzungszonen wurden deutsche Parteien und Verwaltungsorgane aufgebaut. Die Divergenzen der Herrschaftssysteme in Ost und West sowie die unterschiedliche Handhabung der Reparationspolitik in den einzelnen Zonen führten zu einer tiefgreifenden Auseinanderentwicklung der Regionen. In der Sowjetisch Besetzten Zone (SBZ) schlossen sich im April 1946 die Kommunistische Partei Deutschlands (KPD) und die Sozialdemokratische Partei Deutschlands

Folge 15 Deutschlands Spaltung und Wiedervereinigung

(SPD) zur Sozialistischen Einheitspartei Deutschlands (SED) zusammen. Angesichts der zunehmenden Umwandlung der Sowjetischen Besatzungszone ins kommunistische Muster begannen die Briten und Amerikaner verstärkt, den Aufbau ihrer eigenen Zonen voranzutreiben. Die Amerikaner erkannten, dass eine wirtschaftliche Genesung Westeuropas die Ausbreitung des Kommunismus verhinderte und nur unter Einbeziehung Deutschlands in die Marshallplan-Hilfe zu erzielen war. 1947 beschlossen die USA und Großbritannien, ihre beiden Zonen zusammenzuschließen. Am 20. Juni 1948 wurde im Westen eine Währungsreform durchgeführt, welche die Inflation und den Schwarzmarkt schnell beendete. Im Juni 1949 schloss sich Frankreich an die amerikanisch-englische Bizone an.

2. Gründung und Entwicklung der Bundesrepublik Deutschland
2.1 Die Blockade Berlins

Mit der Verschärfung der Ost-West-Gegensätze verließ die Sowjetunion am 20. März 1948 den Alliierten Kontrollrat. Die Vier-Mächte-Regierung funktionierte nicht mehr. In weiterer Folge brach die Berlinkrise aus. Die Blockade Westberlins dauerte von Juni 1948 bis Juli 1949.

2.2 Das Grundgesetz

Kurz nach der Blockade Berlins gaben die USA, Großbritanien und Frankreich ihren Zonen die politische Selbstständigkeit. Abgeordnete der Parlamente der westdeutschen Länder schufen das Grundgesetz, das am 23. Mai 1949 in Kraft trat. Damit war die Bundesrepublik Deutschland entstanden, deren Verfassung das Grundgesetz war. Der als föderalistischer Bund geschaffene Staat hatte 9 Bundesländer: Baden-Württemberg, Bayern, Bremen, Hamburg, Hessen, Niedersachsen, Nordrhein-Westfalen, Rheinland-Pfalz und Schleswig-Holstein. Im Januar 1957 kam das Saarland[1] hinzu. Berlin (West) nahm eine Sonderstellung ein. Der Deutsche Bundestag war das Organ der Volksvertretung. Die Abgeordneten des Deutschen Bundestages

---

1. Der größte Teil des heutigen Saarlandes war als Grafschaft Saarbrücken seit 1381 nassauisch, 1801-15 französisch, dann preußisch. 1920 wurde es als Saargebiet auf 15 Jahre der Verwaltung des Völkerbundes unterstellt, 1925 in das französische Zollgebiet eingegliedert und gehörte 1935 nach Volksabstimmung wieder zum Deutschen Reich. Nach dem 2. Weltkrieg wurde es als autonomes Gebiet wirtschaftlich an Frankreich und 1957 durch Volksabstimmung an die BRD angeschlossen.

wurden in allgemeiner, unmittelbarer, freier und geheimer Wahl gewählt. Das Haupt der Regierung war der Bundeskanzler. Die Vertretung der Bundesländer war der Bundesrat. Die wichtigen politischen Gruppen waren die Christlich-Demokratische Union (CDU), die Sozialdemokratische Partei (SPD) und die Freie Demokratische Partei (FDP). Aus den ersten Wahlen im August 1949 ging die CDU als stärkste Partei hervor. Die Wahl des ersten Bundeskanzlers fiel auf Konrad Adenauer, der in fünf Kabinetten von 1949 bis 1963 regierte.

2.3 Das deutsche Wirtschaftswunder

Die deutsche Wirtschaft blühte nach der Währungsreform rasch auf. Das deutsche Wirtschaftswunder setzte 1951 ein. Bald konnte der Schuldner Westdeutschland die ausländischen Kredite nicht nur zurückzahlen, sondern wurde zum Gläubiger, dessen Währung bis gegen Ende der 1970er Jahre zu den besten und stabilsten in Europa gehörte. Aufgrund dieser wirtschaftlichen Erfolge galt Ludwig Erhard, erster Wirtschaftsminister der Bundesrepublik, als „Vater des Wirtschaftswunders". Er propagierte die soziale Marktwirtschaft, deren Ziel im „Wohlstand für alle" besteht. Nach Adenauers Rücktritt war er von 1963 bis 1966 Bundeskanzler.

2.4 Willy Brandt

Infolge eines wirtschaftlichen Rückschlags wurde Ludwig Erhard 1966 zum Rücktritt veranlasst und durch Kurt-Georg Kiesinger als Bundeskanzler abgelöst, bis 1969 Willy Brandt zum Bundeskanzler gewählt wurde.

Willy Brandt (1913-1992) war eine Persönlichkeit von charismatischer Art. Er ging 1933 in die Emigration und war ein Mann mit untadeliger antifaschistischer Vergangenheit. Deshalb verlor die Protestbewegung der APO rasch an Wirkungskraft, als er an die Regierungsspitze trat. Brandts Größe zeigte sich insbesondere in seinem weltbekannten Kniefall vor dem Denkmal für den Gettoaufstand in Warschau am 7. Dezember 1970, der für das Eingeständnis deutscher Schuld an den Verbrechen der Nazizeit steht. Brandt ist ferner bekannt für seine Ostpolitik. Im März 1970 traf er sich mit dem Vorsitzenden des Ministerrats der DDR, Willi Stoph. Im selben Jahr kam es auch zu Verträgen zwischen der Bundesrepublik Deutschland und der UdSSR sowie mit Polen über die Normalisierung der gegenseitigen Beziehungen. 1971 wurde ihm der Friedensnobelpreis verliehen.

Folge 15   Deutschlands Spaltung und Wiedervereinigung

2.5 Helmut Schmidt und Helmut Kohl

1974 musste Willi Brandt wegen der Guillaume-Affäre zurücktreten. Ein Mann seiner engsten Umgebung wurde als DDR-Spion enttarnt. Ihm folgte Helmut Schmidt als Bundeskanzler, der von 1974 bis 1982 regierte. Schmidts Amtsperiode zeichnete sich unter anderem durch hartes Durchgreifen gegen den Terrorismus aus.

Im Herbst 1982 wurde Helmut Kohl durch ein konstruktives Mißtrauensvotum zum Bundeskanzler gewählt. Damit begann die Ära der Regierung Kohl, die 16 Jahre lang dauerte und in der das Wiedervereinigungswerk Deutschlands vollendet wurde.

3. Gründung und Entwicklung der Deutschen Demokratischen Republik

3.1 Gründung der DDR

Am 7. Oktober 1949 entstand aus der sowjetisch besetzten Zone die Deutsche Demokratische Republik. Sie wurde mit stark sowjetischer Unterstützung umgestaltet und fest in das politische, militärische und wirtschaftliche System der kommunistischen Staaten Osteuropas einbezogen (Warschauer Pakt, RGW). Am 20. Februar 1967 wurde eine eigene Staatsangehörigkeit gesetzlich eingeführt. Die Verfassung von 1968 erklärte die DDR zum sozialistischen Staat. Das Parlament der DDR war die Volkskammer in Berlin (Ost). Die Volkskammer war das oberste staatliche Machtorgan der DDR und entschied über die Grundfragen der Staatspolitik. Die führende Partei der DDR war die Sozialistische Einheitspartei Deutschlands, die SED. Der Erste Parteisekretär der SED war Walter Ulbricht (1893-1973), der das Amt des Parteichefs mehr als 25 Jahre innehatte. 1971 wurde er durch Erich Honecker abgelöst.

In der DDR wurden die Produktionsmittel verstaatlicht. Aus den privaten Unternehmen entstanden die Volkseigenen Betriebe (VEB), aus den früheren Bauerngütern die Landwirtschaftlichen Produktionsgenossenschaften (LPG). Die alten deutschen Länder wurden aufgelöst und das Staatsgebiet durch eine Kreiseinteilung neu gegliedert.

3.2 Berliner Mauer 1961

1945 wurde Berlin in vier Besatzungssektoren geteilt und stand unter

Viermächtekontrolle. Die sowjetische Blockade des Jahres 1948 und die Garantien der westlichen Alliierten für die Westsektoren führten zur Bildung von Berlin (West) und Berlin (Ost). Berlin (West) war nach dem Grundgesetz Land der BRD, dessen Bindung aber aufgrund alliierter Vorbehalte eingeschränkt war. Berlin (Ost) wurde zur Hauptstadt der DDR. Zur Unterbindung der Fluchtbewegung aus der DDR wurde die Grenze zwischen Berlin (West) und Berlin (Ost) am 13. August 1961 abgeriegelt und entlang derselben ein innerstädtischer Sperrgürtel, die sogenannte Berliner Mauer, errichtet.

3.3 Reform- und Protestbewegung 1989

Beeinflusst durch die Reformbemühungen in der UdSSR brach sich 1989 eine Reform- und Protestbewegung Bahn. Es wurde aktive Beteiligung an der Gestaltung von Staat und Gesellschaft gefordert. Manipulationen bei den Kommunalwahlen, gesellschaftlicher Unmut und eine sich ständig vergrößernde Fluchtbewegung lösten bald in vielen Städten regelmäßige Demonstrationen aus. Erich Honecker wurde abgesetzt. Sein Nachfolger Egon Krenz leitete Reformen ein. Die Staatsführung konnte der Krise jedoch nicht mehr Herr werden.

4. Die Wiedervereinigung

4.1 Gorbatschows Reform

1985 begann der sowjetische Staatschef Michail S. Gorbatschow, das sozialistische System zu reformieren. Damit wurde eine Kettenreaktion ausgelöst. 1989/90 brachen die kommunistischen Systeme in Osteuropa zusammen.

4.2 Der Beitritt der DDR zur BRD

Eine ständig anwachsende Fluchtbewegung vor allem über Ungarn, die Tschechoslowakei in die BRD, regelmäßige Massendemonstrationen in allen größeren Städten der DDR, führten zum Rücktritt von Staats- und Parteichef Erich Honecker und weiteren Politbüromitgliedern. Am 9. November 1989 öffnete die Regierung der DDR die Grenzen zur Bundesrepublik und nach West-Berlin. Am 18. März 1990 fanden die ersten freien Wahlen in der DDR statt. Am 1. Juli 1990 kam es zur Währungsunion. Die westdeutsche „DM" wurde auch in der DDR offizielles Zahlungsmittel. Am 3. Oktober 1990 trat die DDR der BRD bei. Die fünf Länder Brandenburg, Mecklenburg-Vorpommern, Sachsen, Sachsen-Anhalt und Thüringen wurden wieder hergestellt.

4.3 Zwei-plus-vier-Verhandlungen

Der deutsch-deutsche Einigungsprozess wurde begleitet von Handlungen der vier Siegermächte mit den beiden deutschen Staaten. In ausdrücklichen Erklärungen betonten sowohl der Deutsche Bundestag als auch die Volkskammer die Endgültigkeit und Unverletztlichkeit der bestehenden Ostgrenze Deutschlands.

4.4 Berlin als Hauptstadt

Um den künftigen Regierungssitz der neuen Bundesrepublik gab es Streit. Viele Westdeutsche plädierten dafür, dass Berlin zwar nominell Hauptstadt sein, die Regierung aber weiterhin in Bonn amtieren solle. Als Argumente wurden unter anderem die Kosten eines Regierungsumzugs nach Berlin angeführt, auch die durch Bonn symbolisierte Westorientierung der Bundesrepublik. Am 20. Juni 1991 entschied sich der Bundestag mit knapper Mehrheit für Berlin.

Übungen

Folge 1

I. Füllen Sie die Lücken!

1. Die Bundesrepublik Deutschland grenzt im Osten an _____ und _____.

2. Die Bundesrepublik Deutschland grenzt im Westen an _____, _____, _____ und _____.

3. Die Bundesrepublik Deutschland grenzt im Süden an die Schweiz und _____.

4. Von Süden nach Norden unterteilt sich Deutschland in _____ große Landschaftsräume.

5. Außer _____ fließen alle deutschen Flüsse von Süden nach Norden.

6. In Oberbayern tritt regelmäßig der _____, ein warmer alpiner Südwind, auf.

7. Die Zugspitze liegt an der _____ Grenze.

8. Charakteristisch für das Süddeutsche Alpenvorland sind _____, Hügelketten mit Seen und kleine Dörfer. Die berühmten Seen sind der _____, der _____, der Chiemsee und der _____.

II. Kreuzen Sie die richtigen Lösungen an!

1. Die Bundesrepublik Deutschland hat _____ Bundesländer.
   A. 15
   B. 16
   C. 17
   D. 14

2. Am _____ wurde Deutschland wiedervereinigt.
   A. 7. Oktober 1990
   B. 3. Oktober 1991
   C. 3. Oktober 1990
   D. 7. Oktober 1989

Übungen

3. Berlin, Bremen und _____ sind Stadtstaaten.

   A. Frankfurt

   B. Hamburg

   C. Stuttgart

   D. München

4. Die Hauptstadt von Sachsen ist _____.

   A. Dresden

   B. Kiel

   C. Leipzig

   D. Schwerin

5. _____ ist der längste deutsche Fluss.

   A. Der Rhein

   B. Die Weser

   C. Die Donau

   D. Die Elbe

6. Deutschlands höchster Berg ist _____.

   A. der Montblanc

   B. der Taunus

   C. das Harz

   D. die Zugspitze

7. _____ ist Teil der Oder-Neiße-Linie.

   A. Die Glatzer Neiße

   B. Die Görlitzer Neiße

   C. Die Thüringer Saale

   D. Die Lausitzer Neiße

8. _____ gehören politisch zur Schweiz.

   A. Salzburg

   B. Wien

   C. Basel

   D. Zürich

9. _____ ist ein historisches Gebiet in der Tschechischen Republik zwischen Böhmen und der Slowakei.

   A. Mähren

   B. Schlesien

C. Brandenburg

D. Pommern

10. Nach dem Potsdamer Abkommen von 1945 wurden die östlich der Oder-Neiße-Linie gelegenen Gebiete Deutschlands unter _____ bzw. sowjetische Verwaltung gestellt.

A. tschechische

B. polnische

C. rumänische

D. slowakische

III. Übersetzen Sie die chinesischen Begriffe ins Deutsche und die deutschen ins Chinesische!

1. deutsch

2. die Weichsel

3. die Vogesen

4. die Ostsee

5. das Schwarze Meer

6. 北德低地

7. 中部隆起地带

8. 西南德中山梯形地带

9. 南德阿尔卑斯山前沿地带

10. 巴伐利亚阿尔卑斯山区

11. die Saale

12. der Slawe

13. 摩泽尔河

14. die UdSSR

15. 陶努斯（山区）

16. die ehemalige DDR

17. 华沙条约

18. 拿破仑战争

19. der Landschaftsraum

20. 联邦州

IV. Worin besteht die geographische Besonderheit Deutschlands und deren Bedeutung?

Folge 2

I. Füllen Sie die Lücken!

1. Jeder germanische Stamm hatte einen _____, der verantwortlich für die Versorgung seines Stammes und den Erfolg im Krieg war, um den sich die _____ des Ortes scharten.
2. Das _____ die germanische _____, fand an festgelegten Tagen im Jahr statt. Alle _____ mussten erscheinen und die Entscheidung musste einstimmig sein.
3. Die ersten genaueren Nachrichten über die Völker Nord- und Mitteleuropas sind den _____ zu verdanken. Julius Cäsar, besonders der Historiker _____ beschrieben sie als kriegerische Stämme von Bauern und Jägern. Sie nannten diese Völker „_____" und das Land, das sie bewohnten, „_____".
4. Die Römer bauten im 1./2. Jahrhundert n. Chr. zwischen _____ und Donau den Limes, um den Drang der Germanen nach Süden einzudämmen.
5. Am 23. August 476 war das Römische Westreich am Ende, der letzte Kaiser _____ wurde von seinem eigenen germanischen Befehlshaber _____ abgesetzt. Dieser machte sich zum „_____".
6. Der allgemeinen Meinung nach wurde die Völkerwanderung im 4. bis 5. Jahrhundert durch den Einbruch der _____ nach Europa ab 375 ausgelöst. Das Reitervolk brach aus dem Innern _____ in den Süden Russlands ein, wo ursprünglich die Goten lebten. Sie unterwarfen sich die Ostgoten, während die Westgoten nach Westen und Süden zogen und dort ihrerseits ganze Völker vertrieben.

II. Kreuzen Sie die richtigen Lösungen an!

1. Die Runen sind Schriftzeichen der _____ Stämme.
    A. deutschsprachigen
    B. germanischsprachigen
    C. englischsprachigen
    D. französischsprachigen

2. Nach Tacitus ertrugen die Germanen _____ und _____ sehr schlecht

   A. Durst

   B. Hitze

   C. Hunger

   D. Kälte

3. _____ war in der spätrömischen Zeit einmal eine der Hauptstädte des Römischen Reiches.

   A. Bonn

   B. Mainz

   C. Koblenz

   D. Trier

4. Im 4. Jahrhundert wurde _____ zur Staatsreligion des Römischen Reiches.

   A. das Christentum

   B. das Judentum

   C. der Buddhismus

   D. der Islam

5. _____ spaltete sich das Römische Reich in das lateinisch-römische Westreich und das griechisch-byzantinische Ostreich.

   A. Im Jahr 396

   B. Im Jahr 313

   C. Im Jahr 395

   D. Im Jahr 385

6. Unter dem Kaiser Augustus wollten die Römer Germanien, insbesondere das Land zwischen Rhein und Elbe, zu einer römischen _____ machen.

   A. Stadt

   B. Provinzstadt

   C. Hauptstadt

   D. Provinz

7. Im Jahre 455 wurde Rom durch _____ geplündert.

    A. die Sueben

    B. die Kimbern

    C. die Vandalen

    D. die Teutonen

8. Die _____ bereiteten mit ihrem Blick und ihrem Schlachtgeschrei den Römern Angst.

    A. Kimbern und Sueben

    B. Kimbern und Teutonen

    C. Cherusker und Kimbern

    D. Sueben und Teutonen

9. Im Jahr 9 nach Christus lockte Arminius der Cherusker drei Legionen des römischen Heeres in den _____ und vernichtete sie dort durch Angriffe aus dem Hinterhalt.

    A. Teutoburger Wald

    B. Thüringer Wald

    C. Schwarzwald

    D. Bayerischer Wald

10. Der römische Einfluss lässt sich durch zahlreiche lateinische Lehnwörter in der deutschen Sprache belegen. „Kalk " geht beispielsweise auf „ _____ " zurück.

    A. vinum

    B. fenestra

    C. strata

    D. calx

III. Übersetzen Sie die deutschen Begriffe ins Chinesische und die chinesischen ins Deutsch!

1. 部族民迁徙
2. der Stamm
3. 雇佣兵
4. die Orthodoxie
5. Porta Nigra
6. 哥特人

7. Skandinavien
8. 罗马帝国
9. Gallien
10. der Limes
11. Arminius der Cherusker
12. 排水工程，下水道
13. *Germania*
14. 鲁内文
15. *Vom Gallischen Krieg*
16. der Tauschhandel
17. die Festung
18. 当代
19. 总督
20. 恺撒

IV. Welche Bedeutung hat die Schlacht im Teutoburger Wald?

Folge 3

I. Füllen Sie die Lücken!

1. In _____ in Südfrankreich feierte der fränkische _____ Karl Martell im Oktober 732 einen glänzenden Sieg. Die Araber mussten sich wieder über _____ zurückziehen.

2. Unter _____ versteht man die über das ganze Land verteilten Residenzen der Könige.

3. 843 teilten die drei Enkel Karls des Großen, _____, _____ und _____, das Frankenreich in 3 Teile.

4. Der Kaiser verlieh weite Gebiete des Reiches an die _____ und weltlichen Fürsten. Diese schworen dem Kaiser die _____, leisteten ihm Kriegsdienste, waren aber in ihrem Territorium relativ selbstständig. Die Fürsten ihrerseits „verliehen" das Land an die niederen _____, diese wiederum an die Bauern. So entstand ein System gegenseitiger _____, das „Lehns-" oder „Feudalsystem". Das verliehene Land hieß lateinisch „_____".

Übungen

In Anlehnung an dieses Wort nennt man die Gesellschaftsordnung _____ und seine herrschende Klasse _____.

5. Um die Grenzgebiete effektiv zu verwalten, ließ Karl der Große Marken unter besonderen _____ einrichten.

II. Kreuzen Sie die richtigen Lösungen an!

1. Chlodwig gründete im Jahre 486 das Reich _____.
    A. der Franken
    B. der Sachsen
    C. der Alemannen
    D. der Angeln

2. Die Familie, der Chlodwig entstammte, heißt _____.
    A. Salier
    B. Karolinger
    C. Staufer
    D. Merowinger

3. _____ gehört nicht zu Ludwigs des Frommen Söhnen aus erster Ehe.
    A. Lothar I.
    B. Pippin I.
    C. Ludwig der Deutsche
    D. Karl der Kahle

4. Der Papst setzte dem König Karl am _____ die römische Kaiserkrone auf.
    A. am 24. 11. 800
    B. am 25. 11. 800
    C. am 25. 12. 800
    D. am 24. 12. 800

5. Karl der Große ließ nicht nur die christliche Kultur schaffen, sondern auch _____ Dichtungen aufschreiben und sammeln.
    A. germanische
    D. christliche
    C. deutsche
    D. europäische

6. Nachfolger Karls des Großen wurde sein Sohn _____.
   A. Ludwig der Deutsche
   B. Ludwig der Fromme
   C. Ludwig der Vierzehnte
   D. Ludwig der Fünfzehnte

7. Am 28. Januar 814 starb Karl der Große. Er wurde in _____ beigesetzt.
   A. Trier
   B. Freiburg
   C. Augsburg
   D. Aachen

8. Die Franken führten anstelle der römischen Goldwährung eine neue Silberwährung ein, deren Einheiten sich bis heute in _____ erhalten haben.
   A. England
   B. Schottland
   C. Italien
   D. Griechenland

9. In 30-jähriger Regierungszeit vergrößerte Karl der Große sein Reich fast um das _____.
   A. Fünffache
   B. Dreifache
   C. Doppelte
   D. Vierfache

10. Chlodwigs Übertritt zum Christentum ermöglichte ihm, die Kirche mit ihren ausgedehnten Organisationen sowie die _____ Großgrundbesitzer Galliens, die sich auch zum Christentum bekannten, als Verbündete zu gewinnen.
    A. fränkischen
    B. bayerischen
    C. gotischen
    D. römischen

Übungen

III. Übersetzen Sie die deutschen Begriffe ins Chinesische und die chinesischen ins Deutsche!

1. 继承法
2. 凡尔登条约
3. Römischer Kaiser
4. die Mark
5. der Markgraf
6. 采邑制(度)
7. 法兰克王国
8. die Goldwährung
9. 墨尔森条约
10. die Pyrenäen
11. 教皇
12. die Expansion
13. der Hausmeier
14. 汪达尔人
15. 朱特人(古代居住在北欧日德兰半岛的居民)
16. das Territorium
17. 王国
18. der Feudalismus
19. 封建主
20. das Abendland

IV. Wie wurde und wie wird Karl der Große beurteilt?

Folge 4

I. Füllen Sie die Lücken!

1. _____, der letzte Herrscher des Ostfrankenreiches, der aus der Dynastie der Karolinger stammte, starb 911. Die ostfränkischen Stämme wählten einen Nicht-Karolinger zum König, der sich _____ (911-918) nannte. So gilt das Jahr _____ für manche Historiker als der Beginn der deutschen Geschichte.

2. Einem Volkslied nach hatte der _____ Heinrich gerade Vögel

gefangen, als ihm ein Bote seine Wahl zum ostfränkischen König mitteilte. So wird er auch _____ genannt.

3. Die unter Heinrich I. vereinigten Stämme begannen, sich als ein zusammengehöriges Volk zu fühlen. Es bezeichnete sich als _____. Daraus entstand später der Name „deutsch". Das von Heinrich I. gegründete Reich erhielt im Laufe der Zeit die Bezeichnung _____. Darum beginnt für einige Historiker mit Heinrichs I. Herrschaft im Jahre _____ die eigentliche deutsche Geschichte.

4. Nachfolger Heinrichs I. wurde sein Sohn _____, der 955 in der Schlacht auf dem _____ bei Augsburg über die _____ siegte.

5. Aufgrund eines dringenden Hilferufs von Papst _____ eilte Otto im Jahr _____ nach Rom. Dort krönte ihn der Heilige Vater, zum Dank für seine Unterstützung, zum Kaiser. Damit erneuerte Otto den imperialen Anspruch Karls des Großen und stellte sich wie dieser in die Nachfolge der _____ Kaiser.

6. Unter _____ versteht man den Kauf und Verkauf geistlicher Ämter.

II. Kreuzen Sie die richtigen Lösungen an!

1. Heinrich I. konnte _____ die Ungarn bei Riade an der Unstrut entscheidend schlagen. Dieser Sieg stärkte das Ansehen des Königtums und festigte den deutschen Staat.

    A. 933
    B. 955
    C. 962
    D. 919

2. Otto I. zog 951 über die Alpen, um sich _____, das damals zu den reichsten Gebieten Europas gehörte, zu unterwerfen.

    A. Süditalien
    B. Norditalien
    C. Sizilien
    D. Nordseeküste

Übungen

3. Das _____ war der Idee nach universal und verlieh seinem Träger die Herrschaft über das gesamte Abendland.

   A. Papsttum

   B. Fürstentum

   C. Königtum

   D. Kaisertum

4. Zur Kaiserkrönung durch den Papst musste sich der König nach _____ begeben. Damit begann Otto I. die Italienpolitik, die von von seinen Nachfolgern fortgesetzt wurde.

   A. Aachen

   B. Augsburg

   C. Rom

   D. Mailand

5. Die deutschen Könige konnten 300 Jahre lang ihre Herrschaft in Ober- und Mittelitalien behaupten. Dadurch wurden jedoch die wichtigen Aufgaben _____ vernachlässigt.

   A. in Deutschland

   B. in Frankreich

   C. in Ostfrankenreich

   D. in Westfrankenreich

6. „Canossa" im Begriff „Bußgang nach Canossa" war _____.

   A. eine norditalienische Stadt

   B. eine norditalienische Burg

   C. eine norditalienische Festung

   D. ein norditalienisches Dorf

7. _____ bedeutet: Bischöfe und Äbte einzusetzen.

   A. Die Inventur

   B. Die Investitur

   C. Die Investition

   D. Die Investierung

8. Mit _____ stand das deutsche König- und Kaisertum auf dem Höhepunkt der Macht.

   A. Heinrich I.

   B. Heinrich II.

C. Heinrich V.

D. Heinrich III.

9. Der Papst _____ lehrte, dass die Kirche nicht die Dienerin des Reiches, sondern der Kaiser der Diener des „von Gott gekrönten" römischen Papstes sei.

   A. Gregor VII.

   B. Gregor XII.

   C. Gregor VI.

   D. Gregor VIII.

10. Die Cluny-Bewegung als eine große geistliche Reform ging im 10. Jahrhundert aus der _____ Benediktinerabtei Cluny aus.

    A. französischen

    B. italienischen

    C. deutschen

    D. römischen

III. Übersetzen Sie die deutschen Begriffe ins Chinesische und die chinesischen ins Deutsche!

1. das Büßerhemd
2. Bußgang nach Canossa
3. 公爵领地/公国
4. 主教
5. der Heilige Vater
6. Lothringen
7. die Investitur
8. die Absolution
9. 意大利政策
10. 修道院长
11. 诸侯
12. 教权
13. 皇权
14. der Bann
15. 莱希河
16. das Gemeinschaftsgefühl

17. 游牧部落
18. die Kaiserwürde
19. (天主教)本笃会修士
20. die Dynastie der Salier

IV. Berichten Sie über Bußgang nach Canossa und dessen Bedeutung!

Folge 5

I. Füllen Sie die Lücken!

1. Höhepunkt und Niedergang mittelalterlichen deutschen Kaisertums sind mit der Dynastie der _____ (1152-1254) verbunden.
2. Friedrich I. zog oft nach Italien. Die _____ Zeitgenossen haben ihn, später auch seinen Enkel _____, wegen des rötlich blonden Bartes „Barbarossa" genannt.
3. Friedrich I. war Führer des 3. _____. Er starb auf dem Weg nach _____. Auf dem Zug in das Heilige Land erlag er einem _____ beim Baden im Fluss _____.
4. In seiner Epoche wie auch im Gedächtnis späterer Zeiten ist _____ der volkstümlichste mittelalterliche Kaiser gewesen.
5. Heinrich der Löwe (um 1129-1195) sah die Kolonisierung des _____ _____ als wichtigste politische Aufgabe. Er förderte die deutsche Ostsiedlung im ostelbischen _____. Er unterwarf Mecklenburg, gründete die Städte _____ und _____.
6. Nach dem Zusammenbruch des Stauferreiches fiel das Recht, den deutschen König zu wählen, in die Hände einer kleinen Gruppe von mächtigen Fürsten. Zu ihnen gehörten die _____ von Köln, Mainz und Trier, der rheinische Pfalzgraf, der _____ von Brandenburg, der Herzog von Sachsen und der König von Böhmen. Man nannte sie _____.

II. Kreuzen Sie die richtigen Lösungen an!

1. Friedrich II. ist _____ von Friedrich I. Barbarossa.

   A. Neffe

   B. Enkel

   C. Sohn

   D. Vetter

2. Heinrich der Löwe stammte aus dem Hause _____.

   A. der Welfen

   B. der Wittelsbacher

   C. der Merowinger

   D. der Staufer

3. _____ waren ursprünglich Grafen mit Besitzungen in der Schweiz und im Elsass.

   A. Die Salier

   B. Die Staufer

   C. Die Habsburger

   D. Die Karolinger

4. _____ nannte das Interregnum „die kaiserlose, schreckliche Zeit".

   A. Friedrich I.

   B. Friedrich Schiller

   C. Friedrich II.

   D. Rudolf I.

5. „Interregnum" ist lateinisch und bedeutet _____.

   A. „Zwischenherrschaft"

   B. „Zwischenraum"

   C. „Zwischenzeit"

   D. „Zwischenpause"

6. In der deutschen Geschichte wird mit dem Interregnum vor allem die Zeit zwischen 1254 und _____ gemeint.

   A. 1273

   B. 1272

   C. 1271

   D. 1274

Übungen

7. Der von Friedrich II. in _____ aufgebaute moderne Staat beruhte auf römischen, byzantinischen, normannischen und arabischen Grundlagen.
   A. Legnano
   B. Mailand
   C. Lothringen
   D. Sizilien

8. Ein Kurfürstenhut ist ein _____, mit Hermelin besetzter Hut als Zeichen des Kurfürsten.
   A. lila
   B. gelber
   C. roter
   D. rosa

9. Unter der Herrschaft von _____ hatte das Stauferreich seine größte Ausdehnung erreicht.
   A. Heinrich I.
   B. Heinrich V.
   C. Heinrich IV.
   D. Heinrich VI.

10. _____ bestätigte Kaiser Karl IV. in einem als „Goldene Bulle" bezeichneten Gesetz das Wahlrecht der Kurfürsten und deren Rechte als Landesherren.
    A. 1365
    B. 1354
    C. 1356
    D. 1355

III. **Übersetzen Sie die deutschen Begriffe ins Chinesische und die chinesischen ins Deutsch!**
   1. Hohenstaufen
   2. das Interregnum
   3. der Kyffhäuser
   4. die Goldene Bulle
   5. das Heilige Römische Reich

6. das Heilige Land

7. 波希米亚

8. die Welfen

9. die Habsburg

10. 邦君

11. der Pfalzgraf

12.（封建贵族世家）祖居（的）城堡

13. 大主教

14. 选侯

15. 中世纪

16. die lombardischen Städte

17. die Zentralgewalt

18. 诺曼底王国

19. 十字军东侵

20. 银/白鼬皮

IV. Berichten Sie über das Schicksal der letzten Staufer!

Folge 6

I. **Füllen Sie die Lücken!**

1. Während der _____ von den Germanen wurden die Gebiete zwischen Elbe-Saale und _____ aufgegeben. In diese Gebiete waren seit dem 6. Jahrhundert slawische Stämme eingewandert. _____ und Saale bildeten bis ins 12. Jahrhundert die Grenzen zwischen _____ und _____.

2. Seit dem 10. Jahrhundert wanderten deutsche Siedler nach _____. Dieser Wanderungsprozess war zum Teil _____, zum Teil _____. Er dauerte bis ins späte Mittelalter.

3. In Kriegszügen gegen die _____ Slawen wurde ein Teil der slawischen Stämme besiegt. Der _____ wurde gezwungen, die Oberhoheit des deutschen Kaisers anzuerkennen. Die Herrschaft _____ Fürsten wurde ausgedehnt und die _____ der eroberten Gebiete aufgenommen.

Übungen

4. Seit der _____ Hälfte des 14. Jahrhunderts wurde die Ostkolonisation infolge des großen Menschenverlusts durch die _____ von 1348 und der entstandenen _____ Widerstände nicht mehr so intensiv betrieben.

II. **Kreuzen Sie die richtigen Lösungen an!**

1. 1147 unternahmen sächsische Adlige unter Führung ihres Herzogs Heinrich des Löwen und andere Landesfürsten den sogenannten _____ , der aber scheiterte.
   A. Kinderkreuzzug
   B. Slawenkreuzzug
   C. Kreuzzug
   D. Slawenkrieg

2. Im 12. Jahrhundert eroberten die deutschen Fürsten die Gebiete der Obodriten und Lutizen endgültig und richteten hier die Fürstentümer Mecklenburg und _____ ein.
   A. Marienburg
   B. Hamburg
   C. Gdansk
   D. Brandenburg

3. Zu den Slawen gehören die _____ und _____ .
   A. Normannen
   B. Lutizen
   C. Obodriten
   D. Seldschuken

4. Den Deutschen Ritterorden hatte Herzog Friedrich von Schwaben vor Akkon _____ gegründet.
   A. 1191
   B. 1192
   C. 1193
   D. 1190

5. Herzog Friedrich von Schwaben war _____ Barbarossas.
   A. Enkel
   B. Bruder

C. Sohn

D. Neffe

6. Die Ritter des Deutschen Ritterordens trugen einen weißen Mantel mit _____ Kreuz.

    A. schwarzem

    B. rotem

    C. gelbem

    D. weißem

7. Seit dem 13. Jahrhundert war der Deutsche Ritterorden in _____ und in den baltischen Ländern tätig.

    A. Westpreußen

    B. Ostpreußen

    C. Südpreußen

    D. Nordpreußen

8. In der _____ 1242 schlugen die Nowgoroder unter Fürst Alexander Newski den Deutschen Ritterorden vernichtend.

    A. Schlacht auf dem Eis des Peipussees

    B. Schlacht auf dem Lechfeld bei Augsburg

    C. Schlacht im Teutoburger Wald

    D. Schlacht bei Sedan

9. Durch die Schlacht bei _____ 1410 wurde die Macht der Deutschen Ordensritters endgültig durch ein polnisch-litauisch-russisches Heer gebrochen.

    A. Teutoburgerwald

    B. Spreewald

    C. Grunwald

    D. Thüringenwald

10. Der Führer der Schlacht bei Tannenberg, Wladislaw II., war König von _____.

    A. Polen

    B. Estland

    C. Livland

    D. Kurland

Übungen

III. Übersetzen Sie die deutschen Begriffe ins Chinesische und die chinesischen ins Deutsche!

1. Ostsiedlung
2. 特兰西瓦尼亚
3. Ostkolonisation
4. die Oberhoheit
5. die Lehnshoheit
6. 扩张
7. Danzig
8. 立陶宛
9. das Pachtgut, die Pachtgüter
10. der Sudetendeutsche
11. die baltischen Länder
12. der Kolonialismus
13. der Deutsche Ritterorden
14. die geistlichen Fürsten
15. die Neuzeit
16. 侯爵领地，侯国
17. (1530年前)条顿骑士团首领/团长
18. 传教
19. 融合
20. 西里西亚

IV. Welchen Sinn hat die Ostkolonisation?

Folge 7

I. Lücken füllen!

1. Die Hanse beherrschte den Handel im ＿＿＿＿＿＿＿. Ihre Mittelpunkte waren ＿＿＿＿, Hamburg und Köln. Ihr gehörten bis zu 150 ＿＿＿＿ an.

2. Bedeutende Hansekontore bestanden in ＿＿＿＿＿, Bergen, ＿＿＿＿ und Brügge.

3. Eine stete Bedrohung für den ＿＿＿＿ stellte die Piraterie dar,

besonders die Seeräubergenossenschaft der Vitalienbrüder. Die Vitalienbrüder waren als Hilfstruppen des schwedischen Königs auftretende Freibeuter. Sie versorgten um 1390 Stockholm mit _____. Später entwickelten sie sich zu Seeräubern in _____. Sie machten Ende des 14. Jahrhunderts Nord- und Ostsee unsicher. 1401 konnten sie jedoch von einer Flotte der Hanse bei besiegt werden. Ihr Führer _____ wurde gefangengenommen, nach _____ gebracht und 1402 hingerichtet.

4. Den Höhepunkt ihrer Macht erreichte die Hanse 1370 mit dem _____, der ihr die _____ Vormachtstellung im Ostseeraum sicherte.

5. Mit dem Aufstieg territorialstaatlicher Macht und den Verlagerungen der _____ verlor die Hanse allmählich an Bedeutung und löste sich schließlich während des _____ Krieges auf.

II. Kreuzen Sie die richtigen Lösungen an!

1. Die Hanse war ein wichtiger Städtebund in _____.

   A. Norddeutschland

   B. Nordfrankreich

   C. Westdeutschland

   D. Westfrankreich

2. Die Hanse war ursprünglich ein loser Zusammenschluss von _____.

   A. Handwerkern

   B. Kaufleuten

   C. Bauern

   D. Tagelöhnern

3. Die leibeigenen Bauern, die sich in eine Stadt flüchteten und dort während eines Jahres von ihren adligen Herren nicht entdeckt wurden, hatten es geschafft: Sie waren freie Stadtbürger. Dafür galt der Satz _____.

   A. „Bußgang nach Canossa"

   B. „Ein gebranntes Kind fürchtet das Feuer"

   C. „Ein blindes Huhn findet manchmal auch ein Korn"

   D. „Stadtluft macht frei"

Übungen

4. Von den folgenden Universitäten ist _____ am ältesten.

   A. Heidelberg

   B. Prag

   C. Wien

   D. Köln

5. Gesellen und Tagelöhner zählten zu _____ der mittelalterlichen Stadt.

   A. dem Patriziat

   B. der Oberschicht

   C. der Mittelschicht

   D. der Unterschicht

6. Zur Ausbildung von Richtern, Ärzten, Geistlichen und Beamten entstanden seit dem 12. Jahrhundert, zunächst in _____ und Frankreich, Universitäten.

   A. Spanien

   B. Italien

   C. Sizilien

   D. Böhmen

7. Die älteste europäische Universität ist _____.

   A. Paris

   B. Oxford

   C. Bologna

   D. Cambridge

8. Die Hauptphase der mittelalterlichen europäischen Stadtgründungen lag im _____ Jahrhundert.

   A. 13./14.

   B. 12./14.

   C. 13./15.

   D. 11./12.

9. Das Stadtrecht einiger deutscher Städte breitete sich besonders in _____ weit aus.

   A. West-Europa

   B. Ost-Europa

   C. Süd-Europa

   D. Nord-Europa

10. Unter Patriziat versteht man _____.

   A. reiche Handwerker

   B. reiche Bauern

   C. reiche Ritter

   D. reiche Kaufleute

III. Übersetzen Sie die chinesischen Begriffe ins Deutsche und die deutschen ins Chinesische!

   1. der Zins

   2. die Hanse

   3. das Stadtrecht

   4. 城市同盟

   5. 开市权

   6. 海盗

   7. die Kogge, die Koggen

   8. das Patriziat

   9. 关税豁免

   10. das Bildungsmonopol

   11. 贸易自由

   12. die Gerichtsbarkeit

   13. 手工业者

   14. 农奴

   15.（封建领主的强制劳动的）农庄,庄园

   16. 宗教礼拜

   17. das Bürgertum

   18. 行会

   19. die Opposition

   20. das Kontor

IV. Nennen Sie die Herkunftsorte mittelalterlicher deutscher Städte!

Übungen

Folge 8

I. Füllen Sie die Lücken!

1. Die Pest, auch der „_____" genannt, ist eine schwere, akute, bakterielle Infektionskrankheit, die meist von Nagetieren, vorwiegend von _____ und den auf ihnen schmarotzenden _____ auf den Menschen übertragen wird.

2. Die Lungenpest wird durch Tröpfcheninfektion von _____ zu Mensch übertragen. Ursache fast aller völkerverheerenden Epidemien war die _____. Bei dieser Form der Pest erreichte die Sterblichkeit meist _____ %.

3. Die Pest durchzog im _____ Jahrhundert in mehreren Wellen den _____ Kontinent und entvölkerte ganze Landstriche. Die _____ 1347/8-1352 tötete etwa ein Drittel der Europäer.

4. Johannes _____ erfand um 1440 den Buchdruck mit _____ Lettern.

5. Nikolaus _____ (1473-1543) stellte fest, dass nicht die _____, sondern die _____ im Mittelpunkt unseres Planetensystems steht, und veröffentlichte im Jahr 1543, kurz vor seinem Tod, das berühmte Buch „_____".

II. Kreuzen Sie die richtigen Lösungen an!

1. _____ ist eine gemeingefährliche und schon im Verdachtsfall meldepflichtige Krankheit.
   A. Der Husten
   B. Die Erkältung
   C. Die Pest
   D. Die Lungenentzündung

2. König Sigismund war der letzte Kaiser aus dem Hause _____.
   A. Habsburg
   B. Luxemburg
   C. Brandenburg
   D. Hamburg

3. Das Konstanzer Konzil dauerte von 1414 bis _____.

   A. 1418

   B. 1416

   C. 1415

   D. 1417

4. Das Konstanzer Konzil verurteilte Jan Hus als _____ zum Tod auf dem Scheiterhaufen.

   A. Ketzer

   B. Räuber

   C. Ungläubigen

   D. Heiden

5. Während der Kirchenspaltung der abendländischen Kirche von 1378-1417 gab es gleichzeitig zwei bzw. drei _____.

   A. Bischöfe

   B. Päpste

   C. Kardinäle

   D. Äbte

6. Albrecht Dürer signierte seine Werke mit den deutlich sichtbaren Initialen _____.

   A. „A/D"

   B. „A.D"

   C. „A-D"

   D. „AD"

7. Albrecht Dürers *Ritter, Tod und Teufel* und *Melancholie* sind _____.

   A. Kupferstiche

   B. Holzschnitte

   C. Gemälde

   D. Zeichnungen

8. _____ stellte in Nürnberg die erste Taschenuhr her.

   A. Peter Lang

   B. Peter Henlein

   C. Robert Koch

   D. Daimler Benz

Übungen

9. Adam Riese war der Rechenlehrer der _____.
   A. Russen
   B. Franzosen
   C. Deutschen
   D. Franken

10. Hans Sachs war ein dichtender und singender _____.
    A. Schneider
    B. Bäcker
    C. Schullehrer
    D. Schuhmacher

III. Übersetzen Sie die deutschen Begriffe ins Chinesische und die chinesischen ins Deutsche!

1. 磺胺
2. 传染病，流行病，时疫
3. die Pandemie
4. 教会的世俗化
5. das Schisma, die Schismen
6. 康斯坦茨宗教会议
7. 城市贵族
8. die Hussitenkriege
9. der Reformator, die Reformatoren
10. der Buchdruck mit beweglichen Lettern
11. (软木纵面)木(刻)版画
12. 铜版画
13. das Gemälde, die Gemälde
14. 算术家，算术教师
15. der Rektor
16. osmanisch
17. der Landfriede
18. 波希米亚
19. (天主教的)红衣主教
20. heliozentrisch

IV. Schreiben Sie einen Bericht von 500 Wörtern über den Reformator Jahn Hus!

Folge 9

I. **Füllen Sie die Lücken!**

1. Geschichte machte Kaiser Maximilian I. durch seine kluge, weitsichtige _____, mit der er den Grundstein für _____ legte.

2. Maximilians I. Nachfolger wurde sein Enkel Karl V., der über das heutige Lateinamerika mit Ausnahme Brasiliens, über Spanien, die Habsburgischen Gebiete in Mittel- und Osteuropa herrschte und als _____ deutscher Kaiser war. Weil _____ von Spanien aus Amerika entdeckt hatte, so wurde nach der Entdeckung _____ Karl V. auch zum Herrn über die riesigen Kolonien der „Neuen Welt". Man sagte, dass _____.

3. Verkleidet als „_____" lebte Martin Luther zehn Monate lang auf _____ und übersetzte einen Teil der _____ ins Deutsche. Seine Übersetzung war ein entscheidender Schritt bei der Bildung der _____ Schriftsprache.

4. Zu den Punkten, die Luther an den Lebensformen der Kirche kritisierte, gehörte auch _____. In mehreren Schriften hatte sich Luther gegen _____ und die falsche Keuschheit der Ordensleute gewandt und Mönchen zur Ehe geraten.

5. _____ (1484-1531), _____ (1509-1564) und der _____ König Heinrich VIII. (1491-1547) führten, angeregt durch Martin Luther, die Reformation auch in der Schweiz und in Westeuropa durch.

II. **Kreuzen Sie die richtigen Lösungen an!**

1. Maximilians I. Sohn ist _____.
   A. Ludwig das Kind
   B. Kahl der Kahle
   C. Philipp der Schöne
   D. Lothar I.

Übungen

2. Karl V. ist ein _____.
   A. Habsburger
   B. Merowinger
   C. Staufer
   D. Karolinger

3. Die Fugger und die Welser waren zwei Bankiers- und Kaufmannsfamilien aus _____.
   A. Hamburg
   B. Augsburg
   C. Habsburg
   D. Freiburg

4. Kaiser Maximilian I. wird der „_____" genannt.
   A. letzte Reiter
   B. erste Reiter
   C. erste Ritter
   D. letzte Ritter

5. Martin Luther (1483-1546) war Sohn eines _____.
   A. Schuhmachers
   B. Patriziers
   C. Bergmanns
   D. Kaufmanns

6. Martin Luther heiratete am 13. Juni 1525 die ehemalige Nonne Katharina von Bora. Aus ihrer Ehe gingen _____ Kinder hervor.
   A. 5
   B. 4
   C. 7
   D. 6

7. Martin Luther betrachtete _____ als alleinige Glaubensgrundlage.
   A. das Neue Testament
   B. das Alte Testament
   C. die Bibel
   D. gute Werke

8. Friedrich der Weise gründete 1502 die Universität _____.

   A. Wittenberg

   B. Tübingen

   C. Heidelberg

   D. Erfurt

9. Martin Luthers Reformation bezeichnet man als den Anfang der deutschen _____ Revolution.

   A. spätbürgerlichen

   B. frühbürgerlichen

   C. frühkapitalistischen

   D. spätkapitalistischen

10. Johannes Calvin lehrte, dass Gott die von ihm bevorzugten Gläubigen durch _____ auszeichne.

    A. besondere Schönheit

    B. besondere Geschäftserfolge

    C. besondere Geschäfte

    D. besondere Tugenden

III. Übersetzen Sie die chinesischen Begriffe ins Deutsche und die deutschen ins Chinesische!

1. der/das Zölibat
2. der Bann
3. der Wormser Reichstag
4. (中世纪德国皇帝宣布的)剥夺法律保护令
5. 农民战争
6. 诸侯宗教改革
7. 赎罪券/赎罪符/赦罪符/免罪符买卖/交易
8. der Augustinermönch
9. 95 Thesen (1517)
10. „An den christlichen Adel deutscher Nation" (1520)
11. „Von der Babylonischen Gefangenschaft der Kirche" (1520)
12. „Von der Freiheit eines Christenmenschen" (1520)
13. der Protestant
14. 路德教

15. 骑士宗教改革
16. Ewiger Landfriede
17. der Schmalkaldische Bund
18. 人文主义者
19. der Zisterzienser
20. 帝国最高法院

IV. Welche historische Bedeutung hat Martin Luthers Reformation?

Folge 10

I. Füllen Sie die Lücken!

1. Im _____ Religionsfrieden von 1555 erhielten die _____ das Recht, die Religion ihrer Untertanen zu bestimmen. Die _____ Konfession wurde als gleichberechtigt mit der _____ anerkannt.

2. Der _____ Kaiser Rudolf II. hatte 1609 den _____ Ständen, die protestantisch waren, in einem „Majestätsbrief" _____ zugesichert. Dieses Versprechen brach jedoch sein Bruder und Nachfolger, Kaiser _____ (1557-1619). Die Stände waren empört darüber. Ihre Vertreter zogen am 23. Mai 1618 zur _____ Burg. Sie warfen dem tschechischen Brauch nach _____ kaiserliche Statthalter durch die Fenster in den Burggraben. Das war der Prager _____, der den direkten Anlaß für den _____ Krieg bildete.

3. 1645 begannen in den westfälischen Städten _____ und Osnabrück Verhandlungen, die zum Westfälischen Frieden von 1648 führten.

4. Der Westfälische Friede von 1648 bestätigte das Ausscheiden der _____ und der _____ aus dem Reichsverband.

II. Kreuzen Sie die richtigen Lösungen an!

1. Cuius regio, eius religio ist lateinisch und bedeutet _____.
   A. „dessen das Land, wessen die Religion"
   B. „wessen das Land, dessen die Religion"

C. „wessen die Religion, dessen das Land"

D. „dessen das Land, dessen die Religion"

2. Hauptorganisator der _____ war der 1540 gegründete Jesuitenorden.

   A. Ritterreformation

   B. Volksreformation

   C. Fürstenreformation

   D. Gegenreformation

3. Nach der Schlacht am Weißen Berge im Jahr 1620 blieb und festigte sich die habsburgische Herrschaft in Böhmen, die erst _____ abgeschüttelt werden konnte.

   A. 1914

   B. 1919

   C. 1918

   D. 1806

4. Der Dänenkönig Christian IV. wurde 1626 von _____ bei Lutter am Barenberge geschlagen.

   A. Wallenstein

   B. Tilly

   C. Ludendorff

   D. Hindenburg

5. Der Dreißigjährige Krieg verlief in vier Phasen. Die längste und letzte Phase, die zum Trauma wurde, war _____.

   A. Böhmisch-Pfälzischer Krieg

   B. Französisch-Schwedischer Krieg

   C. Schwedischer Krieg

   D. Dänisch-Niedersächsischer Krieg

6. König Gustav Adolf von Schweden fand 1632 _____ den Tod.

   A. bei Lützen

   B. am Weißen Berg

   C. auf Usedom

   D. bei Mecklenburg

7. Auf kaiserlichen Befehl wurde Wallenstein 1634 in _____ ermordet.

   A. Eger

   B. Wien

C. Eisenach

D. Prag

8. _____ griff das katholische Frankreich unmittelbar in den Krieg ein.

   A. 1635

   B. 1636

   C. 1634

   D. 1633

9. Der Dreißigjährige Krieg wurde durch den _____ beendet.

   A. Stralsunder Frieden

   B. Prager Frieden

   C. Augsburger Religionsfrieden

   D. Westfälischen Frieden

10. Der Schwedentrunk ist _____.

    A. eine Weinsorte

    B. eine Kampfstechnik

    C. eine Foltermethode

    D. ein schwedisches Getränk

III. **Übersetzen Sie die chinesischen Begriffe ins Deutsche und die deutschen ins Chinesische!**

1. 反宗教改革
2. 天主教同盟
3. 新教同盟
4. 布拉格掷出窗外事件
5. "在谁的邦，信谁的教"/"教随国定"
6. Schlacht am Weißen Berge
7. der Taler
8. Stände
9. Jesuitenorden
10. Richelieu
11. "午夜雄狮"
12. 天主教徒
13. die Konfession

14. Westfälischer Frieden
15. der Landsknecht
16. 大诏书
17. 臣民
18. der Statthalter
19. die Restitution
20. "以战养战"

IV. Welche Folgen hat der Dreißigjährige Krieg?

Folge 11

I. Füllen Sie die Lücken!

1. Am 18. Oktober 1685 hob König _____ von Frankreich das Edikt von Nantes auf.

2. Die Hugenotten sind die _____ Protestanten.

3. Von den andern deutschen Fürsten wurde Brandenburg spöttisch als „_____" bezeichnet, weil es dort keinen fruchtbaren Ackerboden gab, sondern nur Sandboden.

4. Friedrich I., der Sohn des Großen Kurfürsten, setzte sich im Jahr _____ selbst die Königskrone auf. Er hatte vom Kaiser das Recht erhalten, sich als „_____" zu bezeichnen. „_____" durfte er sich nicht nennen, weil Westpreußen noch zum Königreich Polen gehörte.

5. König Friedrich Wilhelm I. hat den Ausbau Brandenburg-Preußens zu einem _____ wesentlich vorangetrieben. Er sorgte dafür, dass das preußische Heer zu einem der stärksten in _____ wurde. Als _____ Monarch in Europa trug er seit 1725 ständig eine Uniform, machte sie zum Alltagsanzug. Besonders ohne Bedenken zeigte er sich bei der Beschaffung „_____", die über 1,80 Meter groß sein mussten, für sein Leibregiment.

Übungen

II. Kreuzen Sie die richtigen Lösungen an!

1. Preußen wurde _____ durch Kontrollratsgesetz formell aufgelöst.
   A. 1945
   B. 1946
   C. 1947
   D. 1948

2. Albrecht der Bär war ein _____.
   A. Staufer
   B. Askanier
   C. Habsburger
   D. Karolinger

3. Die Hauptstadt des Herzogtums Preußen war _____.
   A. Königshofen
   B. Königswinter
   C. Königsberg
   D. Königstein

4. Die Hohenzollern erreichten im Frieden von Oliva (1660) die volle Souveränität über _____.
   A. Preußen
   B. Brandenburg
   C. Masuren
   D. Galizien

5. _____ meinte, die Minister, die dem Kaiser zur Anerkennung der preußischen Krone geraten hätten, hätten die Todesstrafe verdient.
   A. Prinz Ferdinand
   B. Prinz Eugen von Savoyen
   C. Prinz Homburg
   D. Prinz Friedrich

6. Im _____ schlug Friedrich II. bei Hohenfriedeberg die Österreicher.
   A. Ersten Schlesischen Krieg
   B. Zweiten Schlesischen Krieg
   C. Dritten Schlesischen Krieg
   D. Siebenjährigen Krieg

7. Im Frieden von Dresden erkannte Preußen _____, Gemahl Maria Theresias, als Kaiser an.

   A. Franz IV.

   B. Franz II.

   C. Franz I.

   D. Franz III.

8. _____ von Russland war ein Bewunderer Friedrichs des Großen und schied 1762 aus dem Siebenjährigen Krieg aus.

   A. Peter I.

   B. Peter IV.

   C. Peter II.

   D. Peter III.

9. Die Sparsamkeit war für _____ die höchste Tugend.

   A. Friedrich I.

   B. Friedrich Wilhelm I.

   C. Friedrich II.

   D. Friedrich Wilhelm

10. Die *Lettres persanes* schrieb _____ .

    A. Christian Freiherr von Wolff

    B. Voltaire

    C. Wilhelm Leibniz

    D. Charles de Secondat Montesquieu

III. Übersetzen Sie die chinesischen Begriffe ins Deutsche und die deutschen oder französischen ins Chinesische!

   1. 家长制的教育

   2. Cembalo

   3. Friedrich der Große

   4. 重商主义

   5. der Alliierte Kontrollrat

   6. die Personalunion

   7. 开明专制主义

   8. der Monarch

   9. Sanssouci

10. 伏尔泰
11. 移民政策
12. der Erzherzog
13. 伯爵领地
14. 奥地利王位继承战争
15. die Desertion
16. Bauernlegen
17. der preußisch-österreichische Dualismus
18. 徭役
19. 太子
20. 普鲁士人

IV. Welcher Zusammenhang besteht zwischen den Hohenzollern, Brandenburg und Preußen?

Folge 12

I. **Füllen Sie die Lücken!**

1. Die erste bürgerlich-demokratische Republik auf deutschem Boden ist die _____ Republik.
2. Anfang des Jahres 1793 wurde der französische König, _____, hingerichtet.
3. 1792 erklärte der französische Nationalkonvent _____ und _____ zu Ehrenbürgern.
4. Am 14. Oktober 1806 kam es zu der Doppelschlacht bei _____ und _____, die mit einer Niederlage der preußischen Armee endete. Am 27. Oktober 1806 zog Napoleon in _____ ein. Der preußische König Friedrich Wilhelm III. war nach _____ geflohen.
5. Der Widerstand gegen die französische Fremdherrschaft wuchs in Deutschland. _____ wollte durch Turnen den Körper stählen und die Jugend zum Kampf gegen Napoleon erziehen. Johann Gottlieb Fichte hielt seine „_____".
6. Am 30. Dezember 1812 schloss _____ ohne Zustimmung des preußischen Königs mit dem russischen General Diebitsch bei

_____ ein Abkommen, nach dem sich die der napoleonischen Armee eingegliederten preußischen Truppen künftig _____ verhalten sollten.

7. Auf dem Wiener Kongress von 1814 bis 1815 wurde über die _____ Europas entschieden.

8. Der _____ 1813 nahm die Züge eines Volksbefreiungskampfes an.

II. Kreuzen Sie die richtigen Lösungen an!

1. Napoleon Bonaparte krönte sich _____ zum Kaiser der Franzosen.

   A. 1803

   B. 1804

   C. 1805

   D. 1806

2. Die Französische Revolution löste in _____ Unabhängigkeitsbewegungen aus.

   A. Europa

   B. Asien

   C. Nordamerika

   D. Lateinamerika

3. Bis 1811 schlossen sich mit Ausnahme Preußens und Österreichs alle anderen deutschen Staaten dem _____ an.

   A. Städtebund

   B. Rheinbund

   C. Deutschen Bund

   D. Alten Bund

4. _____ legte am 6. August 1806 die deutsche Kaiserkrone nieder.

   A. Kaiser Franz I.

   B. Kaiser Franz III.

   C. Kaiser Franz IV.

   D. Kaiser Franz II.

Übungen

5. Durch _____ am 9. Juli 1807 verlor Preußen fast die Hälfte seines Gebietes und seiner 5 Millionen Einwohner.

   A. den Frieden von Tilsit

   B. den Frieden von Dresden

   C. den Frieden von Berlin

   D. den Frieden von Westfalen

6. Jérôme war Napoleons _____.

   A. Cousin

   B. Neffe

   C. Schwager

   D. Bruder

7. Das Freikorps _____ war aus Freiwilligen verschiedener deutscher Gebiete gebildet.

   A. Lützoo

   B. Lützow

   C. Lutzow

   D. Lützen

8. Napoleon starb 1821 auf der Insel _____.

   A. Helena

   B. Elba

   C. Sankt Helena

   D. Sankt Elba

9. Durch den Wiener Kongress erhielt _____ die Garantie immerwährender Neutralität.

   A. das Königreich Sachsen

   B. Österreich

   C. die Schweiz

   D. das Herzogtum Warschau

10. An der Spitze des 1815 gegründeten Deutschen Bundes stand _____, der in Frankfurt am Main tagte.

    A. der Bundeskanzler

    B. der Bundesrat

    C. der Bundestag

    D. der Bundespräsident

III. Übersetzen Sie die chinesischen Begriffe ins Deutsche und die deutschen ins Chinesische!

1. 巴士底狱
2. 莱茵联盟
3. 法国大革命
4. Reichsdeputationshauptschluss
5. Ultimatum
6. Jakobiner
7. Hegel
8. die konstitutionelle Monarchie
9. Sansculotten
10. 罗伯斯庇尔
11. 志愿军/义勇军
12. 梅特涅
13. immerwährende Neutralität
14. 德意志邦联
15. der Marschall
16. 滑铁卢
17. Kontinentalsperre
18. der französische Nationalkonvent
19. 神圣同盟
20. Völkerschlacht bei Leipzig

IV. Sammeln Sie Materialien und schreiben Sie einen Aufsatz von 500-600 Wörtern über Napoleons Feldzug nach Russland!

Folge 13

I. Füllen Sie die Lücken!

1. Am 17. Oktober 1817 versammelten sich über 450 _____ von 13 deutschen Universitäten und einige Professoren auf der _____ zu einer Kundgebung, worauf _____ und die Heilige Allianz mit scharfen Gegenmaßnahmen reagierten.

2. _____ war die erste große politische Demonstration in

Deutschland.

3. Die Frankfurter Nationalversammlung war das erste deutsche _____.

4. Eine „_____" Lösung bedeutet ein Deutsches Reich mit Österreich, eine „_____" Lösung bedeutet ein Deutsches Reich ohne Österreich.

5. In den 30-50er Jahren des _____ Jahrhunderts setzte in Deutschland die _____ Revolution ein.

6. Mit dem Frieden von _____ im August 1866 wurde der _____ Krieg beendet. _____ schied aus dem deutschen Staatsverband aus.

7. Dänemark verlor den Deutsch-Dänischen Krieg und musste die Herzogtümer _____ und Holstein an Preußen und Österreich abtreten.

8. _____ endet mit dem Aufruf zum gemeinsamen Kampf gegen den Kapitalimus: „_____ vereinigt Euch!"

II. Kreuzen Sie die richtigen Lösungen an!

1. Die Farben der Burschenschaften waren _____.

   A. Schwarz-Weiß-Gold
   B. Schwarz-Rot-Gelb
   C. Schwarz-Rot-Gold
   D. Rot-Weiß-Gold

2. _____ verkehrte zwischen Nürnberg und Fürth die erste deutsche Eisenbahn.

   A. 1835
   B. 1836
   C. 1837
   D. 1838

3. 1836 wurden in _____ die ersten Spinnereien und Webereien gegründet.

   A. Ostdeutschland
   B. Westdeutschland
   C. Süddeutschland
   D. Norddeutschland

4. Die entscheidende Schlacht des Preußisch-Österreichischen Krieges fand am 3. Juli 1866 bei _____ statt.

   A. Gratz

   B. Königgrätz

   C. Königshausen

   D. Gladbach

5. Zu Ergebnissen der _____ gehören u.a. Beseitigung der Massenarmut, Entstehung neuer Klassengegensätze und Zerstörung traditioneller Wertsysteme.

   A. bürgerlichen Revolution

   B. sozialen Revolution

   C. französischen Revolution

   D. industriellen Revolution

6. Der preußische König _____ lehnte die erbliche deutsche Kaiserkrone ab, welche ihm die Nationalversammlung anbot.

   A. Friedrich Wilhelm V.

   B. Friedrich Wilhelm IV.

   C. Friedrich Wilhelm VI.

   D. Friedrich Wilhelm VII.

7. _____ interpretierte die Menschheitsgeschichte als Abfolge von Klassenkämpfen.

   A. Friedrich Engels

   B. Ferdiand Lassalle

   C. Karl Marx

   D. August Bebel

8. Die „Sozialdemokratische Arbeiterpartei", die Vorläuferin der heutigen _____, wurde 1869 in Deutschland gegründet.

   A. SED

   B. KPD

   C. SPD

   D. FDP

9. Der _____ Gedanke bestimmte den weiteren Verlauf der deutschen Geschichte im 19. Jahrhundert.

   A. soziale

   B. nationale

   C. wirtschaftliche

   D. religiöse

10. _____ leitete den Aufschwung der deutschen Chemischen Wissenschaft ein und revolutionierte mit seiner Agrikulturchemie die Bodenbestellung.

    A. Werner von Siemens

    B. Justus von Liebig

    C. Daimler Benz

    D. Heinrich Hertz

III. Übersetzen Sie die chinesischen Begriffe ins Deutsche und die deutschen ins Chinesische!

1. Burschenschaften
2. 复辟
3. 国民议会
4. die Verfassungsgebung
5. der Obrigkeitsstaat
6. die Agrargesellschaft
7. der Kapitalismus
8. 铁血政策
9. das System des wissenschaftlichen Sozialismus
10. der Reichsverweser
11. die Bourgeoisie
12. das Kleinbürgertum
13. 北德意志联邦
14. 无产阶级
15. Starkstromtechnik
16. 农业化学
17. die elektromagnetischen Wellen
18. 直流发电机

19. 战争赔款/赔偿
20. 阶级斗争

IV. Geben Sie einen kleinen Überblick über die sozialen Probleme Deutschlands im 19. Jahrhundert!

Folge 14

I. Füllen Sie die Lücken!

1. Am 18. Januar 1871 wurde im Spiegelsaal des Schlosses von _____ der preußische König _____ zum deutschen Kaiser ausgerufen.

2. Die Jahre von 1871 bis 1873 wurden als _____ bezeichnet, weil in Preußen zwischen 1871 und 1872 etwa 780 Aktiengesellschaften entstanden. Dabei spielten die Milliarden der _____ Kriegsentschädigungen eine wesentliche Rolle. Sie riefen eine übertriebene Spekulation hervor. _____ brach dann eine Weltwirtschaftskrise aus. Ein allgemeiner Kurssturz führte zum Zusammenbruch zahlreicher Gründungen. Man sprach vom _____.

3. Ein Ergebnis des Kampfes der Arbeiterklasse waren die Sozialreformen. 1883 wurde das _____, 1884 das _____ und 1889 das Alters- und Invalidenversicherungsgesetz erlassen.

4. Mit den Flottengesetzen 1898 und 1900 begann Deutschland das _____ zur See, das insbesondere den Gegensatz zu _____ verstärkte.

5. 1942 begann das Hitler-Regime mit der „_____ der Judenfrage": Alle Juden, deren man habhaft werden konnte, wurden in _____ gebracht und ermordet.

6. Am 22. Juni 1941 begann das „Unternehmen _____" und die Deutschen drangen bis kurz vor _____ vor. Die Wende des Russlandfeldzugs war die Schlacht um _____ im Winter 1942/43.

Übungen

II. Kreuzen Sie die richtigen Lösungen an!

1. Im _____ gelangte Giftgas zum Einsatz.
   A. Befreiungskrieg
   B. Napoleonischen Krieg
   C. Ersten Weltkrieg
   D. Zweiten Weltkrieg

2. Zu den Materialschlachten mit äußerst hohen Verlusten zählt _____ nicht.
   A. die Schlacht um Verdun
   B. die Schlacht an der Somme
   C. die Schlacht an der Aisne
   D. die Schlacht auf dem Peipussee

3. In Jena entwickelte sich die Firma Carl Zeiss zum Zentrum der _____.
   A. optischen Industrie
   B. chemischen Industrie
   C. Autoindustrie
   D. Elektroindustrie

4. Zahlreiche Organisationen züchteten einen gefährlichen Chauvinismus. Die führende Organisation war dabei der 1891 gegründete _____.
   A. Deutsche Wehrverein
   B. Deutsche Flottenverein
   C. Ostmarkenverein
   D. Alldeutsche Verband

5. Der Mord von _____ fand am 28. Juni 1914 statt.
   A. Prag
   B. Belgrad
   C. Sarajevo
   D. Balkan

6. Der erste Präsident der Weimarer Republik war _____.
   A. Hindenburg
   B. Otto von Bismarck
   C. Gustav Stresemann
   D. Friedrich Ebert

7. Am 30. Januar 1933 wurde Hitler _____.

   A. Reichskanzler

   B. Reichsminister

   C. Reichspräsident

   D. Reichsverweser

8. Am 1. September 1939 griff das Nazi-Deutschland _____ an. Damit begann der Zweite Weltkrieg total.

   A. Jugoslawien

   B. Polen

   C. die Sowjetunion

   D. die Tschechoslowakei

9. Das Jahr _____ brachte die Wende des Zweiten Weltkrieges.

   A. 1940

   B. 1941

   C. 1942

   D. 1943

10. Am _____ 1945 beging Adolf Hitler Selbstmord und entzog sich der Verantwortung.

    A. 27. April

    B. 30. April

    C. 29. April

    D. 28. April

III. Übersetzen Sie die deutschen Begriffe ins Chinesische und die chinesischen ins Deutsche!

1. 投机
2. Kurssturz
3. Wirtschaftskrise
4. Aufrüstung
5. 沙文主义
6. Marne-Schlacht
7. Entente
8. der Stellungskrieg
9. der Nationalsozialismus

10. 通货膨胀
11. 股份公司
12. 《凡尔赛和约》
13. Emigration
14. Antisemitismus
15. 煤焦油
16. die Diktatur
17. Kokereitechnik
18. Sozialistengesetz
19. Ermächtigungsgesetz
20. 魏玛共和国

IV. Fassen Sie den Hauptinhalt und den Charakter des Versailler Vertrags zusammen!

Folge 15

I. **Füllen Sie die Lücken!**

1. Nach der _____ Kapitulation am 8. Mai 1945 wurde Deutschland in vier _____ und Berlin in vier _____ geteilt.

2. Mit den _____ wurden erstmalig Verbrechen gegen den Frieden und gegen die _____ juristisch bestraft.

3. Im April 1946 schlossen sich die Kommunistische Partei Deutschlands (_____) und die _____ Partei Deutschlands (SPD) zur Sozialistischen Einheitspartei Deutschlands (_____) zusammen.

4. Ludwig Erhard wird der Vater des deutschen _____ genannt. Er propagierte die soziale _____, deren Ziel im „_____ für alle" besteht.

5. Der Deutsche Bundestag ist das Organ der _____. Die Abgeordneten des Deutschen Bundestages werden in allgemeiner, unmittelbarer, freier und _____ Wahl gewählt.

6. Der erste Bundeskanzler war _____.

7. Die _____ war das oberste staatliche Machtorgan der DDR.

8. _____ ist die Verfassung der Bundesrepublik Deutschland.

II. **Kreuzen Sie die richtigen Lösungen an!**

1. Es wurden im ersten Nürnberger Prozess gegen die deutschen Hauptkriegsverbrecher _____ Angeklagte zum Tode verurteilt,

   A. 20

   B. 10

   C. 22

   D. 12

2. Ludwig Erhard war _____ -Politiker.

   A. CDU

   B. CSU

   C. SPD

   D. FDP

3. Im Nürnberger Prozess gegen die deutschen Hauptkriegsverbrecher wurde _____ zum Tode verurteilt.

   A. Himmler

   B. Hermann Göring

   C. Adolf Hitler

   D. Goebbels

4. Frankreich trat dem Potsdamer Abkommen im _____ 1945 bei.

   A. Juli

   B. August

   C. September

   D. Oktober

5. Aus den ersten Wahlen im August 1949 ging _____ als stärkste Partei hervor.

   A. die Sozialdemokratische Partei

   B. die Freie Demokratische Partei

   C. die Christlich-Soziale Union

   D. die Christlich-Demokratische Union

6. Am 13. August 1961 wurde _____ zur Unterbindung der Fluchtbewegung errichtet.

   A. die Große Mauer

   B. die Berliner Mauer

C. die Chinesische Mauer

   D. die Echomauer

7. Der Erste Parteisekretär der SED war _____ , der das Amt des Parteichefs mehr als 25 Jahre innehatte.

   A. Erich Honecker

   B. Egon Krenz

   C. Walter Ulbricht

   D. Willi Stoph

8. Mit der sozial-liberalen Koalition ist die _____ gemeint.

   A. SPD-CDU-Koalition

   B. SED-FDP-Koalition

   C. SPD-FDP-Koalition

   D. SPD-PDS- Koalition

9. 1971 wurde _____ der Friedensnobelpreis verliehen.

   A. Ludwig Erhard

   B. Konrad Adenauer

   C. Helmut Schmidt

   D. Willy Brandt

10. Das Grundgesetz trat am _____ 1949 in Kraft.

    A. 23. Mai

    B. 13. März

    C. 22. Mai

    D. 13. März

III. Übersetzen Sie die deutschen Beriffe ins Chinesische und die chinesischen ins Deutsch!

1. der Alliierte Kontrollrat
2. die Siegermächte
3. APO
4. 纽伦堡审判
5. der Kalte Krieg
6. 全民所有制企业
7. 农业生产合作社
8. Warschauer Pakt

9. RGW
10. 生产资料
11. 支付工具
12. der Beitritt der DDR zur BRD
13. 债权人
14. Zwei-plus-vier-Verhandlungen
15. 苏占区
16. Rechtsradikalismus
17. Asylrecht
18. 通货膨胀和黑市
19. Gorbatschow
20. 债务人

IV. Berichten Sie über die Potsdamer Konferenz und deren wichtigste Beschlüsse.

Lösungen

Folge 1

I.
1. die Tschechische Republik, Polen
2. die Niederlande, Belgien, Luxemburg, Frankreich
3. Österreich
4. fünf
5. der Donau
6. Föhn
7. deutsch-österreichischen
8. Moorgebiete, Bodensee, Ammersee, Starnberger See

II.
1. B 2. C 3. B 4. A 5. A 6. D 7. B, D 8. C, D 9. A 10. B

III.
1. 作形容词时意为：德意志的，德国的，德国人的；作副词时意为：用德语的，德国式的
2. 维斯瓦河，又译"维斯杜拉河"，是波兰最长的河流。全长1047公里；流域面积192000平方公里，占波兰国土面积的三分之二。发源于贝兹基德山脉，流经克拉科夫、华沙、托伦，最后在格但斯克流入波罗的海。
3. 孚日山脉，位于法国东部
4. 波罗的海
5. 黑海
6. das Norddeutsche Tiefland
7. die Mittelgebirgsschwelle
8. das Südwestdeutsche Mittelgebirgsstufenland
9. das Süddeutsche Alpenvorland
10. die Bayerischen Alpen
11. 萨勒河
12. 斯拉夫人
13. die Mosel
14. 苏联
15. der Taunus
16. 前民主德国
17. Warschauer Vertrag
18. die Napoleonischen Kriege
19. 地形区
20. das Bundesland, die Bundesländer

IV.
Deutschland liegt in der Mitte Europas, hat Gebirge im Süden, Meer im Norden, offenes Land im Osten und Westen. Weder im Westen noch im Osten hat Deutschland natürliche Grenzen. Diese Besonderheit ist von großer Bedeutung. Sie bestimmt die politische Form mit. Sie war auch häufig die Ursache von Konflikten und Kriegen.

Die politischen West- und Ostgrenzen Deutschlands waren sehr oft umstritten und haben sich häufig geändert. Die deutsche Westgrenze wurde verhältnismäßig früh fixiert und blieb auch recht stabil. Die Ostgrenze hingegen veränderte sich jahrhundertelang. Um 900 n. Chr. verlief sie etwa entlang den Flüssen Elbe und Saale. In den folgenden

Jahrhunderten wurde das deutsche Siedlungsgebiet weit nach Osten ausgedehnt. Diese Siedlungsbewegung kam erst in der Mitte des 14. Jahrhunderts zum Stillstand. Die damals erreichte Volksgrenze zwischen Deutschen und Slawen hatte bis zum Zweiten Weltkrieg Bestand. Die größten Grenzveränderungen brachten in neuerer Zeit die Napoleonischen Kriege zu Beginn des 19. Jahrhunderts, der Preußisch-Österreichische Krieg von 1866, der Erste und der Zweite Weltkrieg. Der Zweite Weltkrieg hatte die Teilung Deutschlands und die Auflösung Preußens zur Folge.

Folge 2

I.
1. Häuptling, Freien
2. Thing, Volks-, Gerichts- und Heeresversammlung, Waffenfähigen
3. Römern, Cornelius Tacitus, Germanen, Gemanien
4. Oberrhein
5. Romulus Augustulus, Odoaker, König der Germanen in Italien
6. Hunnen, Asiens

II.
1. B 2. A, B 3. D 4. A 5. C 6. D 7. C 8. B 9. A 10. D

III.
1. die Völkerwanderung
2. 部落，部族
3. der Söldner 雇佣兵（贬义）/ der Legionär 古罗马军团士兵；雇佣军团士兵
4. 正教
5. (特里尔的)珀塔尼格拉(黑色城门)：罗马时代的遗迹
6. der Gote, die Goten
7. 斯堪的纳维亚
8. das Römische Reich（德文），das Imperium Romanum（拉丁文）
9. 高卢
10. 利姆斯墙，国界墙
11. 舍鲁斯奇人阿尔弥纽斯
12. die Kanalisation
13. 《日耳曼尼亚志》
14. die Runen
15. 《高卢战记》
16. 物物交换，以物易物
17. 要塞，堡垒
18. die Gegenwart
19. der Statthalter
20. Cäsar

IV.
Unter dem Kaiser Augustus wollten die Römer Germanien, insbesondere das Land zwischen Rhein und Elbe, zu einer römischen Provinz machen. Arminius, ein Cheruskerfürst, stand an der Spitze eines gegen Rom zusammengeschlossenen Stammesbundes. Im Jahre 9 n. Chr. lockte er drei Legionen des römischen Heeres unter Quinctilius Varus, dem Statthalter des eroberten germanischen Territoriums, etwa 20 000 Mann, in den Teutoburger Wald und vernichtete sie dort durch Angriffe aus dem Hinterhalt.

Die Schlacht im Teutoburger Wald gilt seither als historische Wende. Den nationalgesinnten deutschen Bürgern des 19. Jahrhunderts galt diese Schlacht als Befreiung von Rom und als Beginn einer germanisch-deutschen Geschichte. Hermann der Cherusker, oder auch Arminius der Cherusker, galt ihnen als erster deutscher

National- und Freiheitsheld. In den Jahren 1838-1875 wurde ihm bei Detmold ein riesiges Denkmal errichtet. Das Schwert, das die Hermannstatue in der ausgestreckten Hand hält, trägt die Inschrift: „ Deutschlands Einigkeit meine Stärke, meine Stärke Deutschlands Macht."

Heute sieht man die Dinge nicht mehr so einfach. Manche westeuropäischen Betrachter sehen zum Beispiel in diesem Ereignis den Fehlschlag der römischen Zivilisierung Mitteleuropas, den Beginn eines deutschen kulturellen und politischen Sonderwegs, der bis in die Gegenwart führt.

Folge 3

I.
1. der Schlacht bei Poitiers, Hausmeier, die Pyrenäen
2. Pfalz
3. Lothar I., Ludwig der Deutsche, Karl der Kahle
4. geistlichen, Treue, Adeligen, Abhängigkeit, feudum, Feudalismus, Feudalherren
5. Markgrafen

II.
1. A 2. D 3. D 4. C 5. A 6. B 7. D 8. A 9. C 10. D

III.
1. das Erbrecht
2. der Vertrag von Verdun
3. 罗马皇帝
4. [史]边境,边区;边区马克,马克
5. [史]边境(各省)总督;边疆伯爵(称号);边区马克伯爵,马克伯爵
6. das Lehnswesen
7. das Frankenreich
8. 金本位制
9. der Vertrag von Meerssen
10. 比利牛斯山脉
11. der Papst, die Päpste
12. 扩张
13. [史](宫廷、王室或贵族)大管事;宫廷大臣;宫相
14. die Vandalen
15. der Jüte, die Jüten
16. 领土
17. das Königtum, die Königtümer
18. 封建主义,封建制度
19. der Feudalherr, die Feudalherren
20. 西方(指欧洲,跟 Morgenland 相对,后者指东方,包括近东、中东、远东)

IV.
Karl der Große ist eine der größten europäischen Herrscherpersönlichkeiten. Er war der eigentliche Begründer des Abendlandes, das germanische und romanische Völker umfasste. Seine politische Konzeption war durch Verschmelzung des antiken Erbes, christlicher Ideen und der frischen Kraft germanischer Völker geprägt. Er hat der Entwicklung des Mittelalters die Richtung gegeben.

Das Mittelalter sah in Karl dem Großen das Ideal des christlichen Herrschers. Er wurde sagenhaft verklärt und zum Staatsvater stilisiert. Es gab in der Geschichte einige Perioden, in denen ihn fast alle europäischen Staaten zu ihrem Nationalhelden erklärten und jeweils alleingültigen Anspruch auf ihn erhoben. Seine mit dem Kaisertum verknüpfte christlich-universale Reichsidee bestimmte insbesondere die deutsche

Geschichte für lange Zeit. Kaiser Friedrich I. Barbarossa ließ ihn 1165 sogar heiligsprechen. Auch Frankreich sah Karl den Großen als seinen Ursprung und Vorfahren an. Vom 13. Jahrhundert bis in die Napoleonische Zeit hinein war Karls Reich der Antrieb und Deckmantel für die Expansionspolitik, welche die jeweiligen französischen Machtkönige in Europa betrieben.

Gegenüber dieser Glorifizierung beurteilt die moderne Geschichtsschreibung Karl den Großen viel kritischer.

Folge 4

I.
1. Ludwig das Kind, Konrad I., 911
2. Sachsenherzog, „Vogelfänger"
3. „diutisc", „Reich der Deutschen", 919
4. Otto, Lechfeld, Ungarn
5. Johannes XII., 962, römischen
6. Simonie

II.
1. A 2. B 3. D 4. C 5. A 6. B 7. B 8. D 9. A 10. A

III.
1. [宗]忏悔服（用粗布制成表示忏悔之意）
2. 卡诺莎忏悔之行
3. das Herzogtum, die Herzogtümer
4. der Bischof, die Bischöfe
5. 圣父（罗马教皇的称号）
6. 洛林（地区）（今在法国境内）
7. 授职，[宗]授职礼；授职权或叙任权，授神权
8. [宗]赦免，赦罪
9. die Italienpolitik
10. der Abt, die Äbte
11. der Fürst, die Fürsten
12. das Papsttum
13. das Kaisertum
14. [史，宗]革除教会（的处罚），绝罚
15. der Lech
16. 集体精神，团结友爱的精神
17. der Nomadenstamm, die Nomadenstämme
18. 帝位，皇帝的身份或地位
19. der Benediktiner, die Benediktiner
20. 萨利安王朝：1024年萨克森王朝男系绝嗣后，由众诸侯根据传统推举出萨克森王族女系后嗣、法兰克尼亚萨利安家族的康拉德二世为国王，三年后加冕为皇帝。

IV.
Im 11. Jahrhundert erstarkte das Papsttum durch Reformbewegungen wieder. Das Papsttum erhob sich als neue moralische und politische Macht und beanspruchte für sich das Recht auf die Investitur, d.h. das Recht darauf, Bischöfe und Äbte einzusetzen. Die Fürsten stellten sich dabei auf die Seite des Papstes, um eigene Interessen zu behaupten. So kam es zwischen dem Kaisertum und Papsttum zu immer heftigerem Streit. Die Einheit von Reich und Kirche brach auseinander. Der Konflikt und Kampf zwischen Kaiser und Papst prägte fortan die Geschichte des Mittelalters. Ein bekanntes Beispiel dafür war der Bußgang nach Canossa.

Der Streit zwischen weltlicher Macht und geistlicher Macht eskalierte. Im Januar 1076 erklärte König Heinrich IV. (1050-1106) Papst Gregor VII. (um 1024-1085) für abgesetzt. Daraufhin sprach dieser über jenen den Bann aus. Eine Gelegenheit, die auch die Feinde Heinrichs ausnutzen wollten, um dem König den Garaus zu machen. Um sich von dieser gefährlichen Lage zu befreien, zog König Heinrich IV. im Winter trotz Eis und Schnee über die Alpen und kam im Büßerhemd vor die norditalienische Burg Canossa, wo sich Papst Gregor VII. aufhielt. Der Papst ließ ihn draußen bei bitterer Kälte mit bloßen Füßen drei Tage lang (vom 25. -27. Januar) warten. Durch die Vermittlung der Burgbesitzerin Mathilde, Markgräfin von Tuszien, und des Abtes von Cluny empfing ihn der Papst schließlich am 28. Januar 1077 und erteilte ihm die Absolution.

Das Ereignis zeigte, dass die Vorrangstellung des Kaisertums gegenüber dem Papsttum nicht mehr zu halten war. Kaiser und Papst standen sich seither als gleichrangige Mächte gegenüber.

Folge 5

I.
1. Staufer
2. italienischen, Friedrich II.
3. Kreuzzug, Palästina, Herzschlag, Saleph/Salef
4. Friedrich Barbarossa
5. Ostens, Slawenland, München, Lübeck
6. Erzbischöfe, Markgraf, Kurfürsten

II.
1. B 2. A 3. C 4. B 5. A 6. A 7. D 8. C 9. D 10. C

III.
1. 霍亨斯陶芬（家族/王朝）
2. 空位时期，又译"大空位时代"
3. 基夫华基山
4. 金玺/黄金诏书
5. 神圣罗马帝国
6. [宗]圣地（指耶稣故乡巴勒斯坦）
7. Böhmen
8. 威尔夫家族
9. 哈布斯堡，即 Habichtsburg，意为"鹰之堡垒"
10. der Landesherr, die Landesherren
11. [史]（德意志帝王行宫所在地享有王权的）封建伯爵领主，法耳次伯爵
12. die Stammburg
13. der Erzbischof, die Erzbischöfe
14. der Kurfürst, die Kurfürsten
15. das Mittelalter
16. 伦巴第城市（如米兰）
17. 中央权力，最高权力
18. Normannenreich
19. der Kreuzzug, die Kreuzzüge
20. der Hermelin

IV.
1. Mit dem Tod Friedrichs II. erlosch der Glanz des staufischen Reiches. Die letzten Staufer fanden ein tragisches Ende.
2. Konrad IV. (1237-1254), Friedrichs II. Sohn, starb vier Jahre nach dem Tode des Vaters in Italien, ohne die Kaiserkrone erlangt zu haben.
3. Konradin (25.3.1252-29.10.1268), Friedrichs II. Enkel, Sohn König Konrads IV., war der letzte Staufer. Seine mehrfach geplante Wahl zum deutschen König wurde vom Papst verboten. Als der Papst den französischen Königsbruder Karl von Anjou mit der Herrschaft Siziliens belehnte, der dort den staufischen König

Manfred besiegte, zog Konradin im Herbst 1267 nach Italien, um das Stauferebe zu beanspruchen. Er wurde jedoch am 23. August 1268 in der Schlacht bei Tagliacozzo von Karl von Anjou besiegt, durch Verrat gefangengenommen und mit sechzehn Jahren in Neapel enthauptet.

Folge 6

I.
1. Völkerwanderung, Weichsel, Elbe, Deutschen, Slawen
2. Osten, kriegerisch, friedlich
3. ostelbischen, Polenherzog, deutscher, Missionierung
4. 2./zweiten, Pest, nationalen

II.
1. B 2. D 3. B, C 4. A 5. C 6. A 7. B 8. A 9. C 10. A

III.
1. 东部移民　　　　　　　　　　2. Siebenbürgen
3. 东部拓殖
4. 即die Oberherrschaft:宗主(国)权,(对一个半主权国的)统治权
5. 领主权,领主统治　　　　　　6. die Expansion
7. 但泽(今波兰境内的格但斯克)　8. Litauen
9. 佃地,租佃的农庄　　　　　　10. 苏台德德意志人
11. 波罗的海东岸三国(爱沙尼亚Estland,拉脱维亚Lettland,立陶宛Litauen), baltisch是形容词:波罗的海东岸三国的;波罗的海东岸三国
12. 殖民主义　　　　　　　　　13. 条顿骑士团;德意志骑士团
14. (直属帝国的)修道院长和(权力相当于世俗诸侯的)主教;又译:教会诸侯,与"世俗诸侯"相对
15. 近代,现代(指从1500至今,区别于古代das Altertum和中世纪das Mittelalter)
16. das Fürstentum, die Fürstentümer　17. der Hochmeister
18. die Missionierung, missionieren　19. die Vermischung, vermischen
20. Schlesien

IV.
1. Die Ostkolonisation hat die deutsche Landschaft und damit auch die deutsche Geschichte tiefgreifend verändert. Bisher floß der Rhein mitten durch Deutschland. Seit der Ostkolonisation teilte nicht mehr der Rhein, sondern die Elbe das deutsche Gebiet in fast zwei gleich große Teile. Um 200 000 Quadratkilometer wurde das Siedlungsgebiet nach Osten erweitert.

2. Die einheimische Bevölkerung nahm auch an der Ostkolonisation teil. Die Elb- und Ostseeslawen assimilierten sich, verloren ihre Sprachen und gingen in der ostdeutschen Mischbevölkerung auf. Aus der Verschmelzung von Menschen aller deutschen Stämme und ihrer Vermischung mit den einheimischen Slawen entstanden neue Stämme: Westpreußen, Ostpreußen, Pommern, Mecklenburger, Schlesier und Sudetendeutsche.

3. In den späteren Jahrhunderten haben in den Ostgebieten Deutsche und Slawen

Lösungen

große Leistungen auf dem Gebiet der Kultur und Wirtschaft vollbracht. Aber auch auf die Politik des deutschen Reiches gewann der Osten im Laufe der Zeit entscheidenden Einfluss. Östliche Gebiete wie Preußen und Österreich übernahmen schließlich die politische Führung des Reiches.

Folge 7

I.
1. Ostseeraum, Lübeck, Städte
2. Nowgorod, London
3. Hanse-Seehandel, Lebensmitteln, Ost- und Nordsee, Klaus Störtebeker, Helgoland, Hamburg
4. Frieden von Stralsund, wirtschaftliche
5. Handelswege, Dreißigjährigen

II.
1. A 2. B 3. D 4. B 5. D 6. B 7. C 8. A 9. B 10. D

III.
1. [史]纳税，进/纳贡
2. [史]汉萨同盟；hanseatisch, hansische [史]汉萨同盟的；die Hansestadt [史]（参加）汉萨（同盟的）城市
3. [史]城市法，都市法
4. der Städtebund, die Städtebünde
5. das Marktrecht
6. der Freibeuter; der Pirat, die Piraten; der Seeräuber
7. (13到15世纪的)两桅(或三桅)高舷帆船
8. 城市新贵，富裕市民
9. die Zollfreiheit
10. 教育垄断
11. die Handelsfreiheit
12. 审判权，司法权，(法院的)管辖权
13. der Handwerker, die Handwerker
14. Leibeigene, Hörige
15. der Fronhof, die Fronhöfe
16. der Kult, die Kulte
17. 市民
18. die Zunft, die Zünfte
19. 反对，反对党，反对派
20. 办事处，海外事务所

IV.
Eine wichtige Voraussetzung für die Städte war das Entstehen von Handelsplätzen, wo sich Kaufleute und Handwerker niederließen. Verfallene Römerstädte, Bischofssitze und Klöster, Burgen und Pfalzen, Kreuzungen von Handelsstraßen und Flussübergänge, dies sind die Orte, an denen Waren regelmäßig getauscht wurden. So kam es zu Märkten, aus denen dann anlässlich hoher kirchlicher Festtage große Jahrmärkte und Messen wurden. Aus den Handwerker- und Kaufmannssiedlungen entstanden allmählich Städte mit einem Stadtrecht sowie Handels- und Zollfreiheiten. Städte wie Köln, Bonn, Koblenz, Mainz, Worms, Trier, Augsburg, Regensburg, Wien, Zürich und Basel waren aus den Trümmern der ehemaligen römischen Grenzstädte, die die Germanen während der Zeit der Völkerwanderung zerstört hatten, hervorgegangen. Städte wie Fulda, Paderborn, Bremen, Bamberg und Würzburg hatten sich um Klöster, Kirchen und Bischofssitze herum gebildet, während Städte wie Aachen, Frankfurt am Main, Goslar, Braunschweig um kaiserliche Pfalzen und Burgen herum entstanden.

Folge 8

I.
1. Schwarze Tod, Ratten, Flöhen
2. Mensch, Lungenpest, 100
3. 14., europäischen, Pestepidemie/Pestpandemie
4. Gutenberg, beweglichen
5. Kopernikus/Copernicus, Erde, Sonne, Über die Kreisbewegungen der Weltkörper

II.
1. C 2. B 3. A 4. A 5. B 6. D 7. A 8. B 9. C 10. D

III.
1. Sulfonamide
2. die Epidemie, die Epidemien
3. 疾病的大流行，大流行病
4. die Verweltlichung der Kirche
5. 教会分裂，教会分立（指1054年基督教分裂为希腊东正教和罗马天主教，以及1378—1417年间天主教会的大分裂）
6. das Konstanzer Konzil
7. der Patrizier, die Patrizier
8. 胡斯战争
9. 宗教改革家
10.（活版）印刷术
11. der Holzschnitt, die Holzschnitte
12. der Kupferstich, die Kupferstiche (der Kupferstecher 铜版雕刻家)
13. 绘画（大多指油画）
14. der Rechenmeister, der Rechenlehrer
15. 大学校长
16. 奥斯曼人的，奥斯曼的：奥斯曼一世于1290创建奥斯曼帝国（1290—1922），1453年灭东罗马帝国。16世纪全盛时期疆土横跨欧亚非三洲。1571年在海上为西班牙、威尼斯联合舰队战败。17世纪随奥、俄势力强大而逐渐转衰。1683年围攻维也纳失败。与俄国不断作战，1774年大败。19世纪成为各列强争夺对象。一战时参加同盟国方面作战失败。1922年被推翻。1923年土耳其共和国成立。
17. (中世纪德国的)禁止复仇条例
18. Böhmen
19. der Kardinal, die Kardinäle
20. 日心说的

IV.
1. Jan Hus (um 1370-1415): Reformator aus Böhmen, war Professor und Rektor der Universität Prag. Er bekämpfte die Verweltlichung der Kirche und trat für eine Reform der Kirche ein.
2. Im Kampf mit der Kirche wurde Jan Hus 1411 vom Papst exkommuniziert. Weil ihm König Sigismund freies Geleit zugesichert hatte, kam er nach Konstanz, um seine Lehre zu verteidigen. Er wurde aber gleich festgenommen. Das Konstanzer Konzil verurteilte ihn als Ketzer zum Tod. Am 6. Juli 1415 wurde er auf dem Scheiterhaufen verbrannt. Seine Asche wurde sogar von Henkersgehilfen in den Rhein geschaufelt. Hus war jedoch sowohl im Verhör als auch bei der Hinrichtung standhaft geblieben. Er wurde zum Märtyrer und Nationalhelden der Tschechen.
3. Die Ermordung von Hus führte zu der Hussitenbewegung und den Hussitenkriegen (1420-1436).

Folge 9

I.
1. Heiratspolitik, das habsburgische Weltreich
2. Spanier, Kolumbus, Amerikas, in seinem Reich die Sonne nicht unterging
3. Junker Jörg, auf der Wartburg, Bibel, neuhochdeutschen
4. der Zölibat, die Ehelosigkeit
5. Ulrich Zwingli, Johannes Calvin, englische

II.
1. C 2. A 3. B 4. D 5. C 6. D 7. C 8. A 9. B 10. B

III.
1. 不婚,独身,禁欲
2. 革除教会,绝罚
3. 沃尔姆斯帝国议会
4. die Reichsacht
5. der Bauernkrieg
6. die Fürstenreformation
7. der Ablasshandel
8. 奥古斯丁托钵修会修道士/(中世纪分布极广的宗教组织)奥古斯丁教团僧侣
9. 《95条论纲》
10. 《致德意志民族的基督教贵族书》
11. 《论教会的巴比伦之囚》
12. 《论基督徒的自由》
13. 抗议宗新教徒
14. das Luthertum
15. die Ritterreformation
16. 永久和平条例（1495年由德皇马克西米利安一世最后确定）
17. 施马尔卡尔登同盟：新教诸侯和城市1531年2月在萨克森西南山城施马尔卡尔登结成的同盟，以应对路德派遭受镇压的危险。
18. der Humanist, die Humanisten
19. 西妥教团的僧侣 (西妥教团：1098 gegründeter benediktinischer Reformorden, der mit Betonung von Innerlickkeit und Einfachheit im 13/14. Jahrhundert seine Blütezeit erlebte.)
20. das Reichskammergericht

IV.
Die Reformation Martin Luthers war ein entscheidendes Ereignis der deutschen Geschichte.

Die Spaltung des Reiches in ein protestantisches und ein katholisches Lager führte zu Religionskriegen, von denen der wichtigste der Dreißigjährige Krieg von 1618-1648 war.

Luthers Übersetzung der Bibel ins Deutsche war ein entscheidender Schritt bei der Bildung der neuhochdeutschen Sprache. Die deutsche Literatur ist bis zur Klassik und Romantik hin ungleich mehr von den Protestanten als von den Katholiken beeinflusst worden.

Durch die Reformation wurde die Bildung eines deutschen Nationalstaates verzögert. Die Reformation trug erheblich dazu bei, dass die politische Entwicklung gestört wurde. Deutschland wurde ein uneinheitliches, unfertiges Land.

Die kleindeutsch-protestantische Geschichtsschreibung des 19. Jahrhunderts sah sogar in der lutherischen Reformation die Wurzeln eines deutschen Nationalbewusstseins, was natürlich fragwürdig ist.

Folge 10

I.
1. Augsburger, Landesfürsten, protestantische, katholischen
2. katholische, böhmischen, Religionsfreiheit, Matthias, Prager, zwei, Fenstersturz, Dreißigjährigen
3. Münster
4. Schweiz Niederlande

II.
1. B 2. D 3. C 4. B 5. B 6. A 7. A 8. A 9. D 10. C

III.
1. die Gegenreformation
2. die katholische Liga
3. die protestantische Union
4. Prager Fenstersturz
5. Cuius regio, eius religio
6. 白山战役
7. 塔勒（18世纪还在通用的德国银币）
8. 等级代表
9. 耶稣会
10. 黎塞留
11. „der Löwe aus Mitternacht"
12. der Katholik, die Katholiken
13. 教派；宗教信仰：evangelische Konfession（新教信仰），katholische Konfession（天主教信仰）
14. 威斯特伐利亚和约
15. 雇佣军
16. der Majestätsbrief
17. der Untertan
18. [史]（君主或中央政府指派的）地方长官,总督
19. 归还
20. „Der Krieg ernährt den Krieg"

IV.
1. Die Gleichberechtigung der Bekenntnisse wurde aufrechterhalten. In Anlehnung an den Augsburger Religionsfrieden von 1555 blieb das Recht der Fürsten bestehen, die Religion ihrer Untertanen zu bestimmen.
2. Die Pläne der Spanisch-habsburgischen Gruppierung nach Ausbau der europäischen Vorherrschaft waren gescheitert. Bestimmende Macht wurde nun Frankreich.
3. Die Hauptgewinner in Deutschland waren die Fürsten. Ihnen wurde die volle Selbständigkeit in ihren Territorien garantiert. Einige Fürsten erzielten einen beträchtlichen Gebietszuwachs.
4. Das Opfer war das Reich. Die kaiserliche Zentralgewalt war zu weiterer Ohnmacht verurteilt, die Zersplitterung Deutschlands in etwa 350 Fürstentümer und weit über 1000 kleinste Herrschaften, Reichsdörfer und Reichsstädte besiegelt.
5. Das Opfer war das Volk. Der Dreißigjährige Krieg war die größte Katastrophe in der bisherigen Geschichte des deutschen Volkes. Es wurde in seiner Entwicklung weit zurückgeworfen. Die Bevölkerung ging um etwa ein Drittel zurück. Deutschland war verwüstet, verödet, verarmt, im Innern zerrissen und nach außen ohnmächtig.

… Lösungen

Folge 11

I.
1. Ludwig XIV.　　2. französischen
3. Streusandbüchse
4. 1701, König in Preußen, König von Preußen
5. Militärstaat, Europa, erster, langer Kerls

II.
1. C　2. B　3. C　4. A　5. B　6. B　7. C　8. D　9. B　10. D

III.
1. patriarchalische Erziehung
2. 羽管键琴 (流行于16—18世纪的键盘乐器,后为钢琴所代替)
3. 腓特烈大王　　　　　　　　　4. der Merkantilismus
5. (1945—1948)盟国对德管制委员会　6. 君合国 (两个独立国合一个君主)
7. der aufgeklärte Absolutismus　　8. 君主
9. 无忧宫　　　　　　　　　　　10. Voltaire
11. Einwanderungspolitik　　　　 12. 大公爵（奥国皇太子的称呼）
13. die Grafschaft, die Grafschaften
14. Österreichischer Erbfolgekrieg: Der Krieg um die weibliche Thronfolge in den habsburgischen Erbländern nach dem Tode Karls des VI. wurde 1740-1748 geführt und wurde im Zusammenhang mit den ersten beiden Schlesischen Kriegen und kolonialpolitischen Konflikten zwischen Großbritannien und Frankreich geführt. 1748 wurde der Aachener Friede geschlossen, der die österreichische Großmachtstellung und die Pragmatische Sanktion bestätigte und unterstrich die politische Niederlage Frankreichs.
15. 开小差
16. 圈地(尤指16和17世纪英国和德国大封建主对农民土地的侵吞)
17. 德意志二元帝国　　　　　　18. der Frondienst
19. der Kronprinz　　　　　　　20. der Preuße, die Preußen

IV.
Brandenburg war ursprünglich Slawenland. Die Askanier rangen es den Slawen ab. Der Askanier Albrecht der Bär erschloss das Land und nannte sich seit 1157 Markgraf von Brandenburg. Im 13. Jahrhundert stiegen die Markgrafen in den Kreis der Kurfürsten auf. 1323 kam die Mark Brandenburg an die Wittelsbacher, 1373 an die Luxemburger.

Preußen war ursprünglich ein Herzogtum, das aus dem Staat des Deutschen Ordens hervorging. Dieser wurde im 14. Jahrhundert zu einem der wirtschaftlich und kulturell blühendsten Staaten Europas. Nach der Niederlage bei Tannenberg 1410 war der Verfall des Ordensstaates nicht mehr aufzuhalten. 1466 musste er alle westpreußischen Gebiete dem König von Polen überlassen und dessen Oberhoheit für den Rest des preußischen Ordenslandes anerkennen.

Brandenburg und der preußische Ordensstaat bestanden viele Jahrhunderte lang unabhängig voneinander und wurden durch die Hohenzollern verbunden. Die Hohenzollern waren ein deutsches Fürstengeschlecht. Sie erlangten später in der deutschen Geschichte eine besondere Bedeutung. Sie wurden erstmals im Jahre 1061 erwähnt. Ihre Stammburg lag in Schwaben. 1214 wurden sie in eine fränkische und eine schwäbische Linie geteilt. Für uns ist die fränkische Linie wichtig. Die Hohenzollern der fränkischen Linie wurden 1363 Reichsfürsten. 1411/17 wurde Friedrich von Hohenzollern mit der Markgrafschaft Brandenburg belehnt.

1511 wurde der aus der fränkischen Linie der Hohenzollern stammende Markgraf Albrecht von Brandenburg-Ansbach (1490-1568) zum Hochmeister des Deutschen Ordens gewählt. Er verwandelte 1525 das preußische Ordensland in ein erbliches Herzogtum. Der einzige Sohn von Albrecht war geistig krank und hatte keinen männlichen Nachfolger. Der starb 1618 als der letzte Herzog von Preußen. Die Haupterbin wurde seine Tochter Anna, deren Mann Johann Sigismund (1572-1619) seit 1608 Kurfürst von Brandenburg war. Also, die Enkelin von Albrecht brachte ihrem Mann 1618 das Herzogtum Preußen ein, obwohl es immer noch polnisches Lehen blieb und außerhalb der Grenzen des Heiligen Römischen Reiches der Deutschen Nation lag. Und der Enkel von Johann Sigismund und Anna, Friedrich Wilhelm, der Große Kurfürst (1640-1688), legte schließlich den Grundstein für den brandenburgisch-preußischen Staat.

Folge 12

I.
1. Mainzer
2. Ludwig XVI.
3. Schiller, Klopstock
4. Jena, Auerstedt, Berlin, Memel
5. Friedrich Ludwig Jahn, Reden an die deutsche Nation
6. General Yorck, Tauroggen, neutral
7. Neuordnung
8. Befreiungskrieg

II.
1. B 2. D 3. B 4. D 5. A 6. D 7. B 8. C 9. C 10. C

III.
1. die Bastille (14至18世纪用作国家监狱的巴黎城堡,1789年法国大革命时被人民群众攻克捣毁)
2. Rheinbund
3. die Französische Revolution
4. 帝国代表团总决议
5. 最后通牒
6. (1789年法国资产阶级革命时的)雅各宾俱乐部成员,雅各宾派,雅各宾党人
7. 黑格尔
8. 君主立宪制
9. 无套裤汉,长裤汉(法国大革命时期贵族对出身平民的革命党人的蔑称)
10. Robespierre
11. das Freikorps [...koːr]
12. Metternich
13. 永久中立
14. Deutscher Bund
15. 元帅
16. Waterloo
17. 大陆封锁
18. 法国国民会议(1792—1795)
19. die Heilige Allianz
20. 莱比锡各民族大会战

Lösungen

Folge 13

I.
1. Studenten, Wartburg, der Deutsche Bund
2. Das Hambacher Fest
3. Parlament
4. großdeutsche, kleindeutsche
5. 19., industrielle
6. Prag, Preußisch-Österreichische, Österreich
7. Schleswig
8. Das Kommunistische Manifest, Proletarier aller Länder

II.
1. C   2. A   3. C   4. B   5. D   6. B   7. C   8. C   9. B   10. B

III.
1. 大学生协会，学生社团 (1815年成立的致力于统一和自由运动的德国大学生组织)
2. die Restauration
3. die Nationalversammlung
4. 制定宪法，制宪
5. 集权国家，专制国家
6. 农业社会
7. 资本主义
8. „Eisen und Blut"
9. 科学社会主义体系
10. (1806年以前德意志帝国)摄政王；(1848—1849年由法兰克福全德国民议会选出的)德国临时国家元首(奥地利的约翰大公爵)
11. 资产阶级
12. 小资产阶级
13. Norddeutscher Bund
14. das Proletariat
15. 强电技术
16. die Agrikulturchemie
17. 电磁波
18. Dynamomaschine
19. Kriegsentschädigung
20. der Klassenkampf, die Klassenkämpfe

IV.
Vor dem Hintergrund des Siegeszuges von Technik und Kapitalismus hoben sich die sozialen Probleme immer bedrohlicher ab. Die Arbeitsbedingungen waren schlecht und hart. Es fehlte ein Versicherungsschutz. Die Arbeitszeiten waren lang. Ende der 40er Jahre des 19. Jahrhunderts dehnten sie sich zu 15, 16, 17 und mehr Stunden aus und erst nach den 60er Jahren wurden sie durch staatliche Verordnung auf 12 Stunden reduziert. Die Kinder begannen schon im Alter von acht Jahren zu arbeiten, wobei ihr Arbeitstag bis zu 14 Stunden dauern konnte, die Sonn- und Feiertage nicht ausgenommen. Erst als der preußische Staat 1839 besorgt um seinen Heeresersatz ein erstes Arbeitsschutzgesetz erließ, wurde die Beschäftigung von Kindern unter neun Jahren in Fabriken und Bergwerken untersagt, die Nacht-, Sonn- und Feiertagsarbeit verboten und die Arbeitszeit der Jugendlichen unter 16 Jahren auf 10 Stunden begrenzt. Außerdem mussten die Arbeiter noch unter dem wachsenden Lohndruck und unerträglichen Wohnverhältnissen leiden.

Folge 14

I.
1. Versailles, Wilhelm I.
2. Gründerjahre, französischen, 1873, Gründerkrach
3. Krankenversicherungsgesetz, Unfallversicherungsgesetz
4. Wettrüsten, Großbritannien
5. Endlösung, Konzentrationslager 6. Barbarossa, Moskau, Stalingrad

II.
1. C 2. D 3. A 4. D 5. C 6. D 7. A 8. B 9. C 10. B

III.
1. Spekulation   2. 行情暴跌
3. 经济危机   4. 扩充军备，加强军备
5. Chauvinismus   6. 马恩河战役
7.（第一次世界大战时的）协约国   8. 阵地战
9. 民族社会主义，纳粹主义   10. die Inflation
11. die Aktiengesellschaft, -en   12. Versailler Vertrag
13. 流亡   14. 反犹(太)主义
15. der Steinkohlenteer   16. 专政，独裁
17. 炼焦技术
18.（俾斯麦针对社会民主党的）反社会主义非常法
19. 授权法（议会据此将立法权授予国家，尤指政府）
20. die Weimarer Republik

IV. 请同时参见丁建弘：《德国通史》，上海社会科学院出版社，2002年10月，第一版，第十二章，第311—312页。

Folge 15

I.
1. bedingungslosen, Besatzungszonen, Besatzungssektoren
2. Nürnberger Prozessen, Menschlichkeit
3. KPD, Sozialdemokratische, SED
4. Wirtschaftswunders, Marktwirtschaft, Wohlstand
5. Volksvertretung, geheimer   6. Konrad Adenauer
7. Volkskammer   8. Das Grundgesetz

II.
1. D 2. A 3. B 4. B 5. D 6. B 7. C 8. C 9. D 10. A

III.
1. 盟国管制委员会   2. 战胜国
3. außerparlamentarische Opposition (议)院外反对派(西德20世纪60年代末以青年学生为主体的左翼组织)
4. Nürnberger Prozesse   5. 冷战
6. die Volkseigenen Betriebe (VEB)
7. die Landwirtschaftlichen Produktionsgenossenschaften (LPG)

Lösungen

8. 华沙条约
9. 经互会 (Rat für gegenseitige Wirtschaftshilfe)
10. Produktionsmittel   11. Zahlungsmittel
12. 民主德国加入联邦德国   13. Gläubiger
14. 2+4 谈判   15. Sowjetisch Besetzte Zone (SBZ)
16. 极右   17. 政治避难权
18. Inflation und Schwarzmarkt   19. 戈尔巴乔夫
20. Schuldner

IV.
Vom 17. Juli bis 2. August 1945 fand die Potsdamer Konferenz statt, an der die UdSSR, die USA und Großbritannien teilnahmen. Die Konferenz widmete sich der Aufgabe, eine andauernde Friedensperiode in der Welt zu sichern. Das Ergebnis der Konferenz war das Potsdamer Abkommen, durch das die politischen und wirtschaftlichen Grundsätze für das gemeinsame Vorgehen vereinbart wurden. Frankreich trat dem Abkommen im August 1945 bei.

Die wichtigsten Beschlüsse der Potsdamer Konferenz sind:

Erstens: Vorbereitung der Friedensregelung mit Deutschland und seinen Verbündeten.

Zweitens: Ziel der Besetzung Deutschlands umfasst Entmilitarisierung, Entnazifizierung und Demokratisierung sowie Zerschlagung der Konzerne und Reparationszahlungen.

Drittens: Bestätigung des Alliierten Kontrollrats, als dessen Sitz Berlin eine Viermächteverwaltung erhält; Bestätigung der Einteilung Deutschlands in vier Besatzungszonen bei Wahrung der Wirtschaftseinheit.

Viertens: Bestrafung der Kriegsverbrecher.

Fünftens: Unterstellung der deutschen Gebiete östlich der Oder-Neiße-Linie unter polnische und des Nordteils von Ostpreußen unter sowjetische Verwaltung. Umsiedlung von den in Polen, CSR und Ungarn zurückgebliebenen deutschen Bevölkerungsteilen in die vier Besatzungszonen.

Literaturverzeichnis

Bildatlas zur deutschen Geschichte. Von den Anfängen bis heute. Köln: Neuer Honos Verlag.

Blohm, Kurt u. Wulf Köpke: Begegnung mit Deutschland. 4., verbesserte Auflage. München: Max Hueber Verlag 1974.

Brockhaus Enzyklopädie in 20 Bänden. 17., völlig neu bearb. Auflage. Wiesbaden: F. A. Brockhaus 1968.

Dahms, Hellmuth Günter: Deutsche Geschichte im Bild. Frankfurt am Main, Berlin: Ullstein 1991.

Das Duden-Lexikon A-Z. Hrsg. und bearb. von Meyers Lexikonredaktion. 5., neu bearb. Auflage. Mannheim, Leipzig, Wien, Zürich: Dudenverlag 1997.

Der Große Brockhaus in 12 Bänden. 18., völlig neu bearb. Auflage. Wiesbaden: F. A. Brockhaus 1979.

Der Große Brockhaus in einem Band. Leipzig, Mannheim: F. A. Brockhaus 2003.

Der Nationalsozialismus. Die Zeit der NS-Herrschaft und ihre Bedeutung für die deutsche Geschichte. Kurshefte Geschichte. Erarbeitet von Dr. Jürgen Stillig und Prof. Dr. Wolfgang Wippermann unter Mitarbeit der Verlagsredaktion. Berlin: Cornelsen Verlag 2000.

Deutsches Historisches Museum (Hg.): Bilder und Zeugnisse der deutschen Geschichte. Band 1 u. 2. Berlin 1997.

Geschichte in Übersichten. Wissensspeicher für den Unterricht. 2. Auflage. Berlin: Volk und Wissen Volkseigener Verlag 1984.

Holmsten, Georg: Friedrich II. Reinbek bei Hamburg: Rowohlt Taschenbuch Verlag 1969.

Hsia, Adrian (Hg.): Deutsche Denker über China. Frankfurt am Main: Insel Verlag 1985.

Kleine Geschichte der Deutschen. Ausgedacht und aufgezeichnet von Klaus Böhle und mit einem Begleittext versehen von Uwe A. Oster. Bonn: Inter Nationes 1998.

Mann, Golo: Deutsche Geschichte des 19. und 20. Jahrhunderts. Frankfurt am Main: Fischer Taschenbuch Verlag 2002.

Meyers Enzyklopädisches Lexikon in 25 Bänden. Neunte, völlig neu bearbeitete Auflage. Mannheim, Wien, Zürich: Bibliographisches Institut AG 1971. Korrigierter Nachdruck 1978.

Meyers Jugendlexikon. 5., aktualisierte Auflage. Hrsg. und bearbeitet von Meyers Lexikonredaktion. Mannheim, Leipzig, Wien, Zürich: Meyers Lexikonverlag 2003.

Literaturverzeichnis

Ohff, Heinz: Preußens Könige. München: Piper Verlag 1999.

Raff, Diether: Deutsche Geschichte. Vom Alten Reich zur Zweiten Republik. München: Max Hueber Verlag 1985.

Ries, Heinz-Gerd: Deutsche Geschichte von den Anfängen bis zur Gegenwart. Köln: DuMont Literatur und Kunst Verlag 2005.

Tatsachen über Deutschland. Frankfurt am Main: Societäts-Verlag 1999.

Scheuch, Manfred: Historischer Atlas Deutschland. Vom Frankenreich zur Wiedervereinigung in Karten, Bildern und Texten. Wien: Christian Brandstätter Verlag 2008.

Schulze, Hagen: Kleine deutsche Geschichte. München: Verlag C. H. Beck 1996.

Zettel, Erich: Deutschland in Geschichte und Gegenwart. 7. Auflage. München: Max Hueber Verlag 1997.

丁建弘著:《德国通史》,上海:上海社会科学院出版社,2002年10月,第1版。

张国刚著:《德国的汉学研究》,北京:中华书局,1994年7月,第1版。

姚宝编著:《德国简史教程》,上海:上海外语教育出版社,2005年2月,第1版。

http://www.wikipedia.org/